El camino del despertar

Biblioteca

Dr. Mario Alonso Puig

El camino del despertar

Toda transformación comienza en uno mismo

PAIDÓS®

Obra editada en colaboración con Editorial Planeta - España

Bajo el sello editorial PAIDÓS M.R.
Avenida Presidente Masarik núm. 111,
Piso 2, Polanco V Sección, Miguel Hidalgo
C.P. 11560, Ciudad de México
www.planetadelibros.com.mx
www.paidos.com.mx

Primera edición impresa en España: enero de 2025
ISBN: 978-84-670-7570-0

Primera edición impresa en México: septiembre de 2025
ISBN: 978-607-639-064-1

Impreso en los talleres de Litográfica Ingramex, S.A. de C.V.
Centeno núm. 162-1, colonia Granjas Esmeralda, Ciudad de México
Impreso en México - *Printed in Mexico*

Hasta que no llevemos a la consciencia el inconsciente,
este seguirá dirigiendo nuestras vidas,
y nosotros lo llamaremos destino.

CARL GUSTAV JUNG

Dedico este libro a todos mis compañeros en este peregrinaje
que es la vida,
un peregrinaje en el que con frecuencia nos perdemos,
para volver una y otra vez al camino con la confianza de que
el día menos pensado
celebraremos el haber llegado, por fin, y juntos, a nuestro
anhelado destino.

ÍNDICE

INTRODUCCIÓN 15

1. LA PERSONA Y EL PERSONAJE 21
   Guerreros y magos 24
   El espacio del Ser 27

2. NI EL MAPA ES EL TERRITORIO NI EL NOMBRE ES LO MISMO QUE LA COSA NOMBRADA 31
   Consciente e inconsciente 33

3. COLÓN, ULISES Y TODO UN CONTINENTE POR DESCUBRIR 41

4. LA DULCE OSCURIDAD 49

5. PUERTAS QUE ABREN MUNDOS 57
   Los tres umbrales 58
   Las dos formas de actuar del cerebro 62

6. NO PIERDAS TU CENTRO 69
   El centro de gravedad 70
   La distancia emocional 75

7. El *Hara,* el eje cerebro-intestino y el alma del microcosmos ... 79
La microbiota ... 80
¿Qué altera la microbiota? ... 84
Educar el sistema inmune ... 88
Dos cerebros que se comunican ... 94
La importancia de la serotonina ... 97

8. Lo que puede emerger de la polaridad ... 109
Aceptación y transformación ... 112

9. Acceder a un lenguaje encriptado ... 117

10. El encuentro con nuestras heridas ... 125

11. El guerrero, el mago y los demonios ... 131

12. El poder transformador del verdadero amor ... 137
La prueba del amor ... 140
Abrazando las sombras ... 143

13. Los nueve requisitos para la transformación ... 147

14. El arte de la presencia ... 155
Los pilares de la presencia ... 158

15. La libertad de elegir ... 161
Espacio para la elección ... 164
El poder del ego ... 168

16. Sí se puede cambiar, pero has de conocer el camino ... 171

17. Que la fuerza esté en ti 185

18. El poder de transformar 193

19. Seis secretos para ser más feliz 199

20. Preguntas que nos cambian la vida 205

Soltar para volar. Meditación 211

Agradecimientos 225

Meditación del corazón 229

Introducción

Muchos de nosotros somos conscientes de que hay algo en nuestras vidas que no funciona como nos gustaría. Es como si no estuviera mal, pero no terminara de estar del todo bien, y no hablo solo de aquello que se relaciona con el tener, sino también de lo que se relaciona con algo de mucha mayor profundidad, que es el Ser.

Numerosas personas pueden anhelar un mayor nivel de salud, prosperidad, bienestar o felicidad. Sin embargo, también son conscientes de que para que esa mejora tenga lugar, algo debe cambiar, y de forma radical, en su manera de ser. Todos podemos reconocer de forma inmediata que hay ciertas limitaciones en nuestra forma de percibir las cosas, de pensar, de sentir y de actuar que no ayudan a alcanzar eso que anhelamos. Quien desea tener más amigos y, sin embargo, sabe que es muy tímido, no podrá ampliar su círculo de amistades si primero no supera el límite que le marca su propia timidez. Quien anhela tener una mayor prosperidad, pero considera que no es lo bastante inteligente, valiente, ambicioso o capaz, encontrará en esa visión de sí mismo su propia limitación. Todos nos manifestamos en el mundo tal y como nos vemos. Cuando decimos «yo me veo así», indirectamente estamos diciendo «yo soy así». El cómo nos vemos determina el cuánto nos valoramos, y el cuánto nos valoramos influye, a su vez, en el cómo nos vemos. Por eso, el trinomio ser, ver y valorar tiene un impacto importantísimo en nuestra autoestima y, por consiguiente, en todos y cada uno de los aspectos de nuestra vida.

Llamaremos persona a quien eres tú, y personaje, a cómo te ves. Por ello, para vivir de acuerdo a quien eres en realidad (persona), es fundamental que dejes de verte como quien no eres (personaje). Así, el primer objetivo será que te veas como realmente eres. El segundo elemento esencial para vivir la vida que de verdad te gustaría es que te valores en función de quién eres y no de quién te crees que eres. Si te ves tal y como eres en realidad y te valoras conforme a ello, experimentarás un salto cuántico en tu vida. ¿Qué vale más para ti, el personaje de una película o el actor o la actriz que encarna ese personaje?

He pasado más de treinta años de mi vida intentando comprender por qué nos complicamos tanto las cosas y, por supuesto, se las complicamos a los demás. Y me he dado cuenta de que solo una búsqueda interior seria y profunda puede dar una respuesta adecuada a nuestras más acuciantes preguntas. Para tomar nuevas decisiones en nuestra vida, primero tenemos que ver lo que todavía no somos capaces de ver.

Lo que me propongo ofrecer en este libro es un camino para superar las limitaciones mentales, emocionales y anímicas que no nos dejan avanzar. Me basaré en mi experiencia como médico y en mis más de treinta años de trabajo, estudio, investigación y docencia en el campo del liderazgo y el crecimiento personal. Además, utilizaremos dos elementos de gran interés y originalidad que nos permitirán construir un «puente» que nos lleve del personaje —lo que creemos que somos— a la persona —lo que realmente somos—.

Por un lado, utilizaré una de las metáforas más apasionantes y atractivas que he encontrado, conocida como el Camino del Héroe, cuyos principales estudiosos fueron el psiquiatra suizo Carl Gustav Jung y el experto en mitología Joseph Campbell. Por otro lado, conectaremos ese Camino del Héroe con los descubrimientos que se han hecho acerca de la estructura física en la que se asienta nuestro mundo consciente, el hemisferio izquierdo del cerebro, y sobre esa otra estructura en la que se localiza el mundo inconsciente, que está compuesta por el sistema límbico y el hemisferio derecho del cerebro. Los grandes pioneros en este campo fueron los doctores norteamericanos Roger Sperry, ganador en 1981 del Premio Nobel de Medicina por sus estudios sobre la división del cerebro, y el doctor Michael Gazzaniga, que primero colaboró con Sperry para después seguir su propia línea de investigación. Sus comentarios en este sentido son de gran interés:

> El estudio de pacientes con el cerebro dividido durante los últimos cuarenta años ha dado como resultado una serie de descubrimientos en relación con el proceso de percepción, atención, memoria, lenguaje y razonamiento.

Otros investigadores de renombre nos acompañarán en esta apasionante labor de inmersión en el terreno de la neurociencia.

Cuando conectemos el Camino del Héroe con los estudios sobre las dos mentes y los distintos personajes que existen en nuestro encéfalo, se dibujará ante nosotros un sorprendente y espectacular paisaje. La simple comprensión de que existe otra realidad por explorar puede generar en nosotros cambios muy profundos y beneficiosos al producir una expansión en nuestro nivel de consciencia. Cuando por fin comprendamos qué es lo que nos pasa en esos momentos en los que no entendemos qué es lo que nos sucede, se abrirá ante nosotros un nuevo mundo de posibilidades. A partir de entonces seremos capaces de tomar nuevas decisiones que traigan a nuestra vida un nivel de bienestar y felicidad que antes nos parecía inalcanzable.

El proceso que vamos a trabajar y que, en forma de relato de aventuras, ya plasmé en mi libro *El guardián de la verdad y la tercera puerta del tiempo* (Espasa, 2016) nos dará las claves fundamentales para superar los límites mentales, emocionales y anímicos que nos impiden vivir la vida que soñamos. Asimismo, en mi libro *Resetea tu mente* (Espasa, 2021) ya expliqué en profundidad la manera en que las distintas partes del cerebro interactúan para generar una experiencia de quiénes somos, quiénes son los demás y cómo es el mundo.

El libro que ahora tienes en las manos lo he concebido como un viaje de descubrimiento y transformación. Empezaremos nuestro viaje en el mundo consciente, que es al que habitualmente accedemos de una forma directa. Estudiaremos a fondo el funcionamiento del hemisferio izquierdo del cerebro y las estrategias que este utiliza para que no conozcamos la verdad acerca de nosotros mismos. Comprenderemos también el origen de muchos de los problemas que azotan a nuestra sociedad y la mejor manera de superarlos.

El hemisferio cerebral izquierdo, que es en el que se asienta el lenguaje, desempeña un papel de tanta importancia en cómo conducimos nuestras vidas y creamos una determinada cultura que no podemos ignorarlo y mucho menos subestimarlo. A pesar de la indudable importancia del mundo consciente, investigadores de la talla de Sigmund Freud, Joseph Breuer o Jean-Martin Charcot se dieron cuenta, ya en el siglo XIX, de que la vida mental consciente de una persona era una parte mínima del conjunto si la comparábamos con la vida mental inconsciente. De la misma manera que la parte sumergida de un iceberg hizo que el Titanic se hundiera, el mundo inconsciente de una persona puede o bien arruinar y hundir su vida, o bien llevarla a un nuevo mundo de posibilidades insospechadas. Por eso necesitamos atrevernos a penetrar en ese «mundo sumergido», el mundo inconsciente, para descubrir la razón profunda por la que hacemos lo que hacemos y, al mismo tiempo, para lograr que el inconsciente se ponga de nuestro lado en lugar de tenerlo casi siempre en nuestra contra.

Cuando el mundo consciente se unifica con el inconsciente, se adquiere una nueva perspectiva, una nueva percepción de la realidad y, por supuesto, una nueva forma de ser y de estar en el mundo. Es lo que se denomina *consciencia unificada.* La persona toma el lugar que le corresponde y que había estado ocupado por el personaje, un personaje que ni mucho menos es único, sino que, en realidad, es un compendio de distintos personajes. A partir de ese momento de descubrimiento y revelación, quien llevará el timón de nuestra vida no será el personaje, sino la persona. De ahí su gran poder transformador.

Cada lector vivirá su propio viaje, que no será un viaje turístico, sino de aventura, un verdadero peregrinaje en el que nadie sabe lo que encontrará ni lo que será capaz de descubrir. Lo que sí sabemos es que si nuestro compromiso es firme y auténtico: creceremos, evolucionaremos y despertaremos a una nueva realidad. Esa es la intención que me mueve a escribir estas líneas: ayudar a despertar.

Dr. Mario Alonso Puig
Julio de 2023

1
La persona y el personaje

No estamos a la altura de lo que somos

Cada uno de nosotros es un regalo que el Universo hace a este mundo para poder mejorarlo. Hay algo en nuestro interior que cuando es expresado se convierte en una extraordinaria contribución. Sin embargo, son pocas las personas que se percatan de la existencia de ese don que duerme en las profundidades de su Ser y que anhela despertar y salir a la luz.

No hay un solo ser humano que no lleve consigo sus correspondientes heridas. Llamo heridas a todos aquellos traumas que nos han dividido por dentro, que nos ha separado de nosotros mismos, de los demás, de la naturaleza y de la vida en general. Son estas heridas las que dan lugar a los personajes que se apoderan de nuestras vidas y acaban sustituyendo a la persona; personajes como el niño herido o el ego parental, que ejercen una enorme influencia en nuestra existencia de adultos. Debido en gran medida a la forma en la que hemos sido educados, todos y cada uno de nosotros creamos una imagen, una forma de vernos que se proyecta en cada cosa que pensamos, sentimos, decimos y hacemos. Estos traumas y heridas, sobre todo cuando se han producido en la infancia, generan una sensación de soledad, indefensión, impotencia, miedo y desesperanza que nos causa un enorme sufrimiento.

Nuestras heridas pueden aparecer por distintas razones. Podemos, por ejemplo, habernos sentido rechazados, o no suficientemente queridos. También podemos habernos sentido torpes e inadecuados, y, lo que es más triste, sobre todo si se nos ha tratado de manera humillante, que pensemos que nos humillaban porque lo merecíamos. Cuando somos pequeños, la influencia de nuestros padres, hermanos, profesores y compañeros es enorme, porque actúan como si fueran espejos en los que nos miramos. Aprendemos a vernos como ellos nos ven, aprendemos a valorarnos como ellos nos valoran y, lo que es aún más sorprendente, acabamos creyendo que eso es lo normal. Todos terminamos acostumbrándonos a lo que nos resulta más familiar. Ya de adultos, y aunque suframos, buscaremos esa continuidad e incluso rechazaremos a quienes nos traten con respeto y consideración, ya que semejante trato no nos resulta familiar, y por eso, nos produce una gran ansiedad.

El cine nos presenta de una forma muy clara y visual el efecto divisor que ejercen estos traumas y estas heridas. En ocasiones, quien los provoca padece un profundo trastorno mental causado por diferentes razones. Sin embargo, a veces los causantes tan solo desean educar de la mejor manera que saben y no se dan cuenta de los inadecuados resultados de esa forma de actuar.

En la película *Brave,* de Walt Disney, una joven princesa escocesa, que lo único que quiere es conocer mundo y vivir aventuras, se ve absolutamente coartada en sus aspiraciones por su madre, la reina, que insiste en que su hija aprenda las reglas de la nobleza y se ajuste a ellas cueste lo que cueste. La reina es, sin duda, una persona que se interesa por su hija, pero su forma de educar se corresponde con la educación que ella misma recibió, con los mismos aciertos, limitaciones y rigideces. El conflicto entre la reina y su hija va aumentando hasta el punto de decirse lo que nunca habrían querido decirse. Es entonces cuando se produce el desgarro de un valioso tapiz que hay en su castillo.

La princesa, que ha huido de este y se ha adentrado en un bosque, encuentra a una bruja que está dispuesta a hacer todo tipo de encantamientos por un determinado precio. La joven tan solo desea darle un escarmiento a su madre, pero el hechizo tiene un impacto insospechado en la reina, que se ve condenada a vivir encerrada en algo que no es. La única manera de deshacer el maleficio es reparar el tapiz que se rompió en el castillo. Cuando esto se logra, el hechizo deja de tener efecto y la relación entre madre e hija se transforma por completo. No es que a partir de entonces la reina y su hija cedan a todas las exigencias de la otra, sino que, simplemente, la relación entre ellas cambia, convirtiéndose en una fuente de alegría, serenidad, entusiasmo, descubrimiento, crecimiento y contribución.

El Camino del Héroe que nos apela a todos —hombres, mujeres, niños y adultos— es la gran oportunidad que tenemos de reparar ese tapiz dividido y transformar así nuestras vidas.

Una vida se transforma cuando reconectamos con la grandeza que hay en nuestro interior y favorecemos que se despliegue y alcance su plenitud. En *Brave,* la reina y su hija han de reconectar con ese amor que había sido sepultado por un conjunto de reglas, imposiciones y rebeldías. Para ello es necesario que se sanen sus heridas emocionales, heridas que ni siquiera ellas mismas saben que existen, por mucho que noten sus efectos.

Guerreros y magos

Todos tenemos heridas y las escondemos en los rincones más oscuros del inconsciente para no mirarlas y evitar así volver a sentir el dolor que sufrimos cuando se produjeron. No somos conscientes del precio que pagamos por ocultar esas heridas en el inconsciente y mantenerlas en un «mundo de sombras». No sanar esas heridas hace que sigamos padeciendo muchos de los bloqueos que impiden que hagamos realidad nuestros sueños y evitan que aflore nuestra mejor versión, esa que todos estamos llamados a ser.

El Camino del Héroe, el mismo que tuvieron que recorrer la reina y su hija, es una metáfora que nos llama y nos invita a convertirnos primero en guerreros y luego en magos. Un mago es aquella persona que tiene el mayor de los poderes, el de transformar la energía negativa en positiva. No hay mayor poder que el de convertir el dolor en crecimiento, la oscuridad en luz, el miedo en valentía y el odio en amor.

Pero para poder transformarse en mago, primero hay que aprender a ser guerrero, porque en el Camino del Héroe tendremos que hacer frente a difíciles pruebas y a grandes desafíos. Quien posee una mentalidad de guerrero no puede ni sentirse como una víctima indefensa ni, por supuesto, actuar como tal. Cuando hablo de ser guerrero no me refiero a ser agresivo o violento, sino a desarrollar ese poder interior que nos impide abandonar ante la dificultad o la intimidación. Son las personas con mentalidad de víctima las que permiten que los sentimientos de impotencia y de desesperanza las dominen. Un guerrero no cede ante la dificultad. Sus pies se mantienen firmes en la tierra, los hombros se dirigen hacia atrás, su pecho se expande y mantiene su mirada al frente.

Personaje-
persona

Guerrero

Mago

Este arquetipo del guerrero —figura épica y metafórica— es necesario cultivarlo, porque cuando los seres humanos nos encontramos frente a algo que percibimos como una amenaza o, simplemente, desconocido, tendemos a reaccionar de forma automática, contraatacando, defendiéndonos, huyendo, o quedándonos paralizados por el miedo. Sin embargo, hay otra forma de actuar, y ni siquiera es una reacción, sino una respuesta. A esta respuesta yo la llamo *fluir.* Cuando una persona fluye, es capaz de conectar con la energía negativa, pero sin quedar atrapada en ella. En ese momento, el guerrero, que no se ha dejado intimidar ni ha cedido ante la prueba, tiene que dar paso al mago, la única figura arquetípica capaz de transformar la energía negativa en positiva.

El mago me recuerda a la flor de loto. Si paseamos junto a un lago o un estanque en el que hay este tipo de flores, nos llamarán la atención no solo su belleza, sino también su pureza. Resulta sorprendente que estas flores puedan nacer incluso en el fango, en verdaderas ciénagas. De alguna manera, la suciedad que reciben la utilizan para construir su propia belleza. De ahí que la flor de loto sea uno de los símbolos —en algunas tradiciones— de la verdadera alquimia, la química del Alma.

Otra referencia al poder transformador de la figura arquetípica del mago la encontramos en *La bella durmiente,* también de Walt Disney. Cuando las tres hadas rescatan al príncipe que está encerrado en el castillo de Maléfica, los guardias les lanzan flechas y aceite hirviendo, y ellas, por medio de sus varitas mágicas, transforman las flechas en flores, y el aceite hirviendo en pompas de jabón. En este sentido, no es de extrañar que el conocido psiquiatra norteamericano Bruno Bettelheim diera tanto valor a los cuentos de hadas… Incluso escribió un interesante libro titulado *Psicoanálisis de los cuentos de hadas*.

El espacio del Ser

La llamada a recorrer el Camino del Héroe es una invitación a liberarnos de las fuerzas gravitacionales del yo egoico, del personaje, para adentrarnos en ese espacio de infinitas posibilidades, el espacio de la persona, el espacio del Ser.

Al igual que los personajes de una película viven atrapados en su guion y no pueden salirse de él, nosotros también vivimos atrapados en una narrativa, en unas imágenes, en unos sentimientos y en unos recuerdos que constituyen, en su conjunto, lo que se conoce como nuestra *identidad egoica* o *yo egoico.* Por ello, solo cuando uno descubre que es persona y que no tiene que vivir de acuerdo a un determinado personaje, atrapado en un papel concreto, también descubre que es posible vivir en libertad.

Nuestro miedo a la libertad no es sino el miedo de ese personaje con el que nos hemos identificado. A ese personaje nuestra libertad no le interesa en absoluto porque, si fuéramos realmente libres, él pasaría a un segundo plano, desaparecería o sería completamente prescindible. De ahí que todo el poder del personaje estribe en un único elemento, hacernos creer que somos él o ella y que no podemos aspirar a otra libertad que la que él o ella nos ofrece.

Recorrer el Camino del Héroe es siempre una llamada a crecer, a liberarnos, a despertar, a sanar nuestras heridas y a expresar ese don que nos hace únicos. Es también una llamada a conectar con nosotros mismos, con los demás y con la vida de una forma mucho más amplia y profunda. Es la invitación a entrar en un espacio desde el que se crea y se genera una nueva realidad, una realidad que previamente nos parecía inimaginable. Por eso hablamos de una llamada que procede del Ser, de lo más profundo de la persona, y no del yo egoico o personaje. Si procediera de este, lo que se buscaría no sería otra cosa que aumentar nuestro poder, nuestra fama y nuestra fortuna. Eso es lo único a lo que aspira el personaje, a crecer en la dimensión del tener, cuando, paradójicamente, en el mundo del tener nunca se posee bastante. Siempre se aspira a un coche mejor, a una casa superior o a más dinero. Por el contrario, en el mundo del Ser no se puede tener más Ser, sino expresar más quien ya se Es. La persona no puede ser más persona, pero sí puede mostrarse más como persona y menos como personaje.

Sigmund Freud hablaba con frecuencia de algo de excepcional importancia a lo que llamó *ideal del yo.* Con este concepto se refería a lo que la sociedad consideraba que era el personaje ideal. Este *ideal del yo* tiene una parte consciente y una inconsciente. Imaginemos que en una película hay un personaje perfecto con el que nuestro propio personaje no para de compararse. Todos entendemos la frustración que esto puede generar, ya que el *ideal del yo* deja de ser un estándar que nos sirve de referencia para mejorar y se convierte en todo lo contrario, en un recordatorio de lo imperfectos que somos y de la distancia inalcanzable que hay entre cómo somos y cómo deberíamos ser. Este juego tan pernicioso impide que valoremos nuestros talentos, capacidades y logros. Siempre nos veremos demasiado pequeños e insuficientes. Recordemos que el cómo nos vemos influye directamente en el cómo nos valoramos y nos sentimos.

El error no solo está en que no nos hayamos identificado con la persona que somos, sino que lo hayamos hecho con el personaje que creemos que somos, un personaje que, además, nos parece de lo más inadecuado. Por todo ello, no ha de sorprendemos demasiado que haya una gran insatisfacción en la vida de tantos seres humanos.

2
Ni el mapa es el territorio ni el nombre es lo mismo que la cosa nombrada

Tu comportamiento diario refleja tus creencias más profundas

Uno de los principales obstáculos que encontraremos en el Camino del Héroe es el lenguaje. Hay tres tipos de lenguaje: el literal, que es el que utilizamos para describir las cosas; el metafórico, y la poesía, que nos habla de realidades más profundas. El lenguaje literal es el que domina el hemisferio izquierdo del cerebro. El metafórico y la poesía son procesados por ambos hemisferios, es decir, no solo los entiende el raciocinio, sino que también los elabora y capta el hemisferio derecho del cerebro. El significado de cada palabra lo captaría el hemisferio izquierdo, mientras que los elementos afectivos, visuales y contextuales, presentes tanto en la metáfora como en la poesía, los procesaría el derecho.

Por eso, una determinada palabra pronunciada en un contexto significa una cosa y dicha en otro significa otra distinta. Por ejemplo, el verbo «disfrutar» tiene un significado diferente según el contexto. Si decimos: «El explorador disfrutaba entrando en un territorio desconocido», la palabra «disfrutar» no tiene la misma connotación afectiva que si decimos: «Los padres disfrutaban contemplando a su hijo recién nacido». Todo lo que tenga que ver con la valoración del contexto pertenece al hemisferio derecho del cerebro. Esta es la razón que explica que las personas que no han desarrollado ciertas funciones en este nivel interpreten las frases de forma literal, pues no se dan cuenta del contexto en el que han sido pronunciadas. Si, durante un partido de fútbol, un compañero de colegio le dice a otro: «¡Qué torpe eres! ¿Cómo has podido fallar ese gol?», y el interpelado lo interpreta de forma literal, fuera de contexto, podría pensar que es torpe para todo, y no que simplemente ha cometido una torpeza durante un partido de fútbol. Entender el contexto es esencial. Por eso, cuando las personas manipuladoras sacan una frase de contexto, su efecto puede ser muy negativo.

Puesto que el inconsciente no solo está enraizado en el hemisferio derecho del cerebro y en el sistema límbico, o cerebro emocional, sino que también lo está en el cuerpo, algunos de los más grandes psicoterapeutas de la historia, como Milton

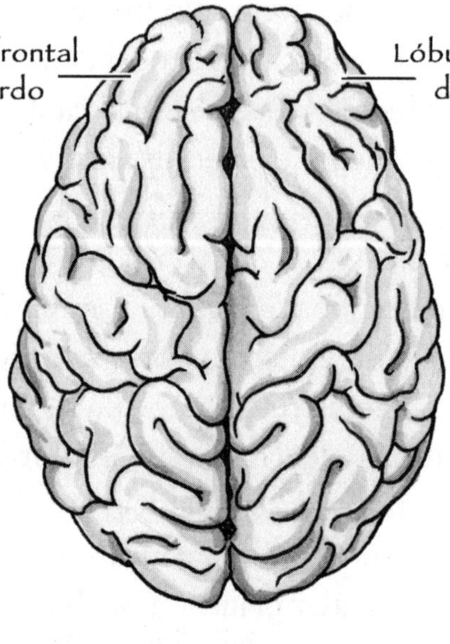

Hemisferios cerebrales

Erickson, decidieron utilizar el lenguaje metafórico para llegar al inconsciente e influir en él. De esta manera fueron capaces de ayudar a sanar heridas emocionales muy profundas, favoreciendo que afloraran recursos ocultos que podían tener un gran impacto en la curación de una determinada enfermedad. Metodologías como el zen, el yoga o el qi gong también llegan, a través del cuerpo, a la dimensión inconsciente, de ahí que su práctica sea tan beneficiosa no solo en el plano de la salud corporal, sino también a nivel cognitivo y emocional.

Si hablamos de la poesía, seguro que muchos de nosotros hemos experimentado una profunda emoción al leer o escuchar un poema. A diferencia del lenguaje literal, la poesía puede impactarnos muy hondamente, y es por eso por lo que nos referimos a ella como el lenguaje del alma.

Consciente e inconsciente

Si la mente conectada con el hemisferio izquierdo del cerebro es la que conoce «el mapa», la que lo está con el hemisferio derecho es la que conoce «el territorio». Como decía gráficamente el psicólogo y lingüista Alfred Korzybski, «el mapa no es el territorio y el nombre no es la cosa nombrada». Nuestro don, nuestros mayores recursos y nuestras heridas más profundas no aparecen en el mapa, pero sí en el territorio. Por ello, el don, los recursos y las heridas están en un *conocer* del que no somos conscientes; es decir, un «no sé qué sé».

El mapa representa todo eso de lo que sí somos conscientes, tanto lo que sabemos que sabemos como lo que sabemos que no sabemos. Yo, por ejemplo, soy perfectamente consciente de que sé hablar inglés y de que no sé hablar alemán. Por el contrario, el territorio representa eso de lo que no somos conscientes con nuestra mente ligada al hemisferio izquierdo, sede de la autoconsciencia, ya que ni siquiera sabemos que existe. El territorio se encuentra en el denominado *punto ciego de la autoconsciencia,* es decir, que uno no ve que no ve, uno no sabe que no sabe, uno no se da cuenta de que no se está dando cuenta.

El territorio encierra también lo que sabemos y comprendemos en un plano más profundo, pero que no puede ascender de la mente ligada al hemisferio derecho (inconsciente) a la ligada al hemisferio izquierdo (consciente). Por eso, pasar del mapa al territorio puede producir vértigo, porque es algo así como adentrarse en la oscuridad, el silencio, el vacío y la nada. En este sentido, recordemos que cuando Alejandro Magno ya había conquistado toda Asia Menor y se disponía a seguir avanzando, a ir más allá, uno de sus generales le pidió que no lo hiciera, porque a partir de ahí se acababan los mapas. Alejandro Magno decidió que los ejércitos mediocres eran los que se quedaban dentro de los mapas y que solo los más preparados exploraban lo que había fuera de ellos. Y así sucedió. Cuando Alejandro Magno fue más allá, encontró un territorio hasta entonces desconocido: la India.

La mente del hemisferio izquierdo quiere convencernos de que el mapa que nos muestra es igual al territorio y que, por consiguiente, todo lo que existe está contenido en dicho mapa. No hay nada más.

Pasar de la mente del hemisferio izquierdo a la del hemisferio derecho genera una enorme resistencia interna, porque la mente del primero lleva mucho tiempo —la mayor parte de nuestra vida— haciendo lo posible para que esa otra mente «extraña, incómoda e incomprensible», la del hemisferio derecho, no envíe sus mensajes a nuestra consciencia. Por eso estamos tan divididos internamente. Es como si la mente conectada con el hemisferio derecho fuera primero repudiada y después olvidada.

> Cuando el Senado de Atenas condenó a Sócrates, le permitió elegir entre ser desterrado, pagar una cantidad de dinero fabulosa o la muerte. Probablemente, sus corruptos acusadores daban por hecho que el sabio preferiría el destierro, ya que no era un hombre rico, y que, al desaparecer de la escena pública, el mundo terminaría olvidándose de él. El tiempo borraría su nombre. Sin embargo, para su sorpresa, Sócrates no optó por el destierro, sino que eligió la muerte.
>
> Algo así ocurre con la mente dominante ligada al hemisferio izquierdo. Por una parte, repudia a la mente ligada al hemisferio derecho y luego se olvida de que alguna vez existió. Sin embargo, lo que se repudia no solo son conocimientos, sino un mundo de sabiduría, y eso hace que muchas veces vayamos por la vida como «pollos sin cabeza».

La mente del hemisferio izquierdo no solo es la que nos permite razonar, sino la que nos invita a crear reglas, normas y leyes. Es la mente más conectada con la moral, con lo bueno y lo malo, con lo correcto y lo incorrecto. Es la mente que nos permite navegar en un mundo dual, donde hay día y noche, luz y oscuridad, frío y calor. Por eso se la conoce como mente dualista. Su función es esencial para moverse con eficacia en un mundo material, pero es insuficiente para vivir nuestras vidas plenamente.

La mente ligada al hemisferio izquierdo considera cualquier paradoja como un absurdo. Por ejemplo, si alguien nos pregunta: ¿cómo se puede meter un camello por el ojo de una aguja?, nuestra mente racional dirá que es una pregunta ridícula y absurda. Sin embargo, estas preguntas constituyen la base del *koan* en el zen. Un *koan* representa una paradoja que va más allá de la capacidad de resolución que tiene la mente racional ligada al hemisferio izquierdo. Sin embargo, la ligada al hemisferio derecho sí es capaz de responder a la pregunta, ya que no ve la paradoja como un planteamiento absurdo, sino como un requerimiento para mirar las cosas desde una nueva perspectiva.

Recordemos que no solo se puede conocer por la vía racional, sino que existen otras formas de conocimiento. Si coges una aguja y te sitúas a cierta distancia del camello, sujetando la punta de la aguja entre el índice y el pulgar de una de tus manos, y extiendes el brazo de tal manera que el ojo de la aguja esté en la parte superior, podrás contemplar al camello a través del ojo de la aguja.

La mente del hemisferio izquierdo ve que el bien siempre ha de luchar contra el mal. Sin embargo, para la mente conectada con el hemisferio derecho el mal se vence en el bien. No lucha contra la oscuridad, simplemente lleva luz, con lo cual la oscuridad se desvanece.

Nosotros, tan apegados como estamos a funcionar prestando atención casi exclusivamente a la mente del hemisferio izquierdo, somos eficaces, pero no eficientes. Ser eficaz es hacer algo de la manera más adecuada, mientras que ser eficiente es hacer lo que es mejor hacer. Imaginemos que alguien me da una escalera y me dice que tengo tres minutos para entrar con ella en un cuarto y coger todos los alimentos enlatados que pueda. Todo lo que consiga en esos tres minutos será para mí y lo podré consumir, compartir, regalar o vender.

Cuando la puerta del cuarto se abre, me lanzo con mi escalera y la coloco en la primera pared, llena de baldas, que hay justo enfrente. Todas las estanterías están llenas de latas de tomate frito, así que, con gran eficacia, subo y bajo por la escalera y meto todas las latas que puedo en las distintas bolsas que me han dado. Pasan los tres minutos y salgo del cuarto contento con las más de sesenta latas de tomate frito que he conseguido.

¿He sido eficaz? Yo diría que sí, y mucho, ya que he subido y bajado por la escalera a gran velocidad sin que se me cayera ninguna lata por el camino. Pero la pregunta clave no es si he sido eficaz, sino si, además, he sido eficiente. ¿Lo he sido? Para nada. Si al entrar con mi escalera en la habitación, en lugar de lanzarme precipitadamente a por lo primero que tenía delante, hubiera dedicado unos segundos a observar lo que había a mi alrededor, me habría dado cuenta de que en las estanterías de la pared izquierda había latas de caviar Beluga (una lata de 30 gramos cuesta 174 €), y aunque solo me hubiera dado tiempo a coger diez, su valor sería cien veces mayor que el de las latas de tomate que he cogido.

¡Eso es ser eficiente! La mente del hemisferio izquierdo está volcada en la eficacia, mientras que la del hemisferio derecho se centra mucho más en la eficiencia. No cabe duda de que los mejores resultados se obtienen cuando eficacia y eficiencia van de la mano. Es lo que se denomina «sincronización interhemisférica», que permite que nuestra mente, al unificarse, sea capaz de reconocer, por una parte, los opuestos (oscuridad/luz, frío/calor…), y, por otra, y simultáneamente, la unidad (la oscuridad solo es la ausencia de luz, y el frío solo es la ausencia de calor). Por eso decimos que la mente del hemisferio izquierdo es dualista, mientras que la del hemisferio derecho es no dualista u holística.

Sin embargo, en la mente del hemisferio derecho no solo se encuentran nuestros recursos más potentes y desconocidos, sino también nuestras sombras, esa parte de nosotros que no queremos ver y mucho menos reconocer. Estas sombras nunca se quedan quietas y generan un impacto en dos niveles distintos. Por una parte, el cuerpo, porque no podemos olvidar que la mente ligada al hemisferio derecho tiene una relación mucho más íntima con el cuerpo que la que está ligada al hemisferio izquierdo. Por eso, las sombras producen una gran tensión muscular y pueden causar enfermedades, simplemente como recordatorio de que tenemos una conversación pendiente con ellas. Esta reflexión me recuerda al argumento de la obra *El fantasma de la ópera,* en el que su protagonista, escondido en los laberintos que hay bajo el teatro y sabiendo que los que están encima, los actores y los espectadores, jamás aceptarán su fealdad, no deja de aterrorizarles.

El precio que pagamos por no querer conocer y comprender el mensaje de nuestras sombras es, a nivel consciente, el sufrimiento, la escasez de recursos interiores y los bloqueos emocionales. Si la mente ligada al hemisferio derecho nos habla de la realidad del mundo con sus luces (nuestro don, nuestros recursos internos) y también con sus sombras (sus heridas), la mente del hemisferio izquierdo se esconde de ese mundo, no quiere saber nada de él, lo que nos impide transformar las sombras, «redimirlas», y expresar ese don que todos llevamos dentro.

La razón por la que las sombras no salen a la luz es la misma por la que el fantasma de la ópera solo se muestra tras una máscara. Ni las sombras ni el fantasma van a ser aceptados, reconocidos, acogidos e integrados.

Todos tenemos una idea de cómo deberíamos ser para que nos quieran. Como ya he comentado, Freud lo llamó el *ideal del yo.* Por eso creemos que, cuanto más ocultemos nuestras fealdades, más fácil será que nos quieran y menos probable que nos rechacen.

Dado que la mente ligada al hemisferio izquierdo no puede crear una nueva realidad, porque vive atrapada en su propio «mapa», considera absurdo que se intente penetrar en un «territorio» tan incierto y desconocido como el que representa la mente ligada al hemisferio derecho. Por ello, la mente ligada al hemisferio izquierdo no solo hace lo que puede para que no exploremos ese «territorio», sino que, además, pretende borrar su existencia por medio de tres mecanismos fundamentales: la represión, la proyección y la confabulación. En la *represión,* el lóbulo frontal del hemisferio izquierdo bloquea, a nivel preconsciente, la llegada de información incómoda desde el hemisferio derecho. En la *proyección,* la mente coloca en otras personas las partes de sí misma que no quiere reconocer. En la *confabulación,* el hemisferio izquierdo se inventa una realidad paralela, que es la que percibe y con la que se autoengaña.

Esta situación me trae a la memoria la fascinante historia del faraón egipcio Tutankhamon, de la XVIII Dinastía, quien, siguiendo la estela de su suegro, el faraón Akhenaton, defendió, en contra de los sacerdotes de Tebas, que había un único Dios, Atón, y no la multitud de dioses, encabezados por Amón, que veneraban los egipcios. Así, Atón, representado por el Sol, se convirtió durante un tiempo en el único y verdadero dios, para disgusto de la mayoría de los sacerdotes de Tebas. De hecho, el faraón Amenofis IV cambió su nombre por el de Akhenaton y trasladó la corte de Tebas a Tell el-Amarna, en medio del desierto, donde él y un grupo de seguidores rindieron culto a la nueva deidad. Tras la muerte, quizá violenta, de su yerno y sucesor, el faraón Tutankhamon, con tan solo dieciocho años de edad, los sacerdotes de

Amón borraron su nombre de casi todas las esculturas dedicadas al joven faraón fallecido. Lo que pretendían es que el mundo olvidara que existió.

Por eso hay que ser un verdadero «loco» para romper los límites que la mente ligada al hemisferio izquierdo nos impone. Hay que ser un «loco», como Alejandro Magno, para ir más allá de ese mapa que señalaba el fin del mundo. Dicho de otra forma: cruzar el umbral —de lo que hablaremos más adelante— es pasar del espacio del yo al espacio del no-yo. Es pasar de un mundo que conocemos y controlamos (el mundo asociado a la mente ligada al hemisferio izquierdo) a otro desconocido (el mundo asociado a la mente ligada al hemisferio derecho) que no se puede controlar desde el yo.

Para nosotros, cualquier cosa que se encuentre más allá de nuestra identidad —lo que consideramos que somos—, de ese personaje con el que nos hemos identificado, representa el vacío, el silencio, la oscuridad y la nada. De ahí que abandonar la descripción que hemos hecho de nosotros mismos, esa identidad a la que hemos llamado yo, para entrar en ese otro espacio distinto y ajeno al yo (y que llamamos no-yo), pueda generar un miedo muy intenso, conocido como *angustia óntica.* En resumen: para transitar el espacio que va del yo al no-yo es necesario convertirse en un verdadero héroe o heroína: se trata de desplazarse desde un mundo que nos resulta conocido y familiar hasta otro extraño del que lo ignoramos prácticamente todo. Es entonces cuando tendremos que decidir si el miedo será el que nos gobierne o si dejaremos que sea la fe la que nos dirija.

3
Colón, Ulises y todo un continente por descubrir

A veces, el final de un camino es el inicio de algo nuevo

Puesto que el paso del mundo consciente y conocido al mundo inconsciente y desconocido no es fácil, hemos de comprender cuál es el lenguaje, los principios y las estrategias necesarios para manejarnos con soltura en ese espacio tan vasto que es la mente ligada al hemisferio derecho del cerebro. Solo así evitaremos que la mente del hemisferio izquierdo controle un proceso que a todas luces se le escapa y que ni siquiera comprende. Si la mente ligada al hemisferio izquierdo está vinculada fundamentalmente al intelecto, la ligada al derecho está conectada con el cuerpo, con las emociones, con la imaginación y con esa dimensión sutil y trascendente que llamamos espíritu. Un espíritu individual que, a su vez, se conecta con la consciencia colectiva, que es donde se acumula todo el conocimiento y la experiencia recogidos a lo largo de nuestra evolución como especie. Ese espacio ha recibido muchos nombres, entre los que destaca el de *inconsciente colectivo,* que es como lo denominó Carl Gustav Jung. A su vez, este espíritu nos conecta con otro espacio infinito, conocido como *campo akásico, campo cuántico* u *Océano del Ser.* Muchas culturas se refieren a él como Universo, Consciencia Cósmica o Dios.

Cuando conectamos con esa dimensión tan profunda de la realidad, que habita más allá de los límites del tiempo y del espacio, se abre un canal para que recibamos inspiración, conocimiento y sabiduría, y para que experimentemos sanación y transformación. Se produce así un verdadero *downloading* de información. A través de este canal, de esta puerta al Infinito, entra también una energía capaz de generar encuentros sorprendentes y posibilidades insospechadas. En este sentido, no nos viene mal recordar las palabras de Johann Wolfgang von Goethe:

> A propósito de todas las iniciativas, hay una verdad elemental cuya ignorancia mata innumerables ideas y espléndidos planes: en el momento en el que uno se compromete de verdad, la Providencia también lo hace. Toda clase de cosas comienzan a ocurrir para ayudar a esa persona, cosas que sin su previo compromiso jamás habrían ocurrido. Todo un caudal de sucesos se pone en marcha con aquella decisión, ayudándole por medio de incidentes inesperados, encuentros insospechados y ayuda material que nadie hubiera soñado que pudieran ocurrir. Si sabes que puedes, o crees que puedes, ponte en marcha. La audacia tiene genio, poder y magia.

Cuando emprendemos un viaje, siempre hemos de considerar nuestro punto de partida. El punto de partida en el Camino del Héroe es la mente ligada al hemisferio izquierdo del cerebro, que es la que me gusta llamar nuestra «zona de confort». Con ello solo quiero decir que representa nuestro «mapa», que no es visto como un mapa limitado, sino como la totalidad del territorio que representa. Algo así como si acabáramos creyendo que el menú de un restaurante (mapa) fuera lo mismo que la experiencia de comer los deliciosos platos que se preparan (territorio).

Nuestra zona de confort engloba la descripción de quiénes somos, quiénes son los demás y cómo es el mundo. Es la narrativa, el guion que nos describe todo lo existente. De aquí emerge el yo egoico adulto. Percibimos, pensamos, sentimos, actuamos y nos relacionamos de acuerdo con dicha narrativa, una descripción de la que la mayoría de las personas es absolutamente inconsciente.

Más allá de la zona de confort existe un mundo desconocido (el mundo del no-yo) que nos parece tenebroso, porque plantea la posibilidad de encontrarnos con peligros que no sabemos si podremos afrontar. Por ello, a este espacio se le denomina «zona de hundimiento», o «zona de *breakdown»,* puesto que los sentimientos dominantes son la ansiedad, la inseguridad y el miedo. Nos asalta la duda, la confusión y la desconfianza. Nos vemos solos, perdidos y en peligro. Por eso, la mayor parte de las personas regresa rápidamente a su zona de confort. Son muy pocos los que resisten, los que están dispuestos a seguir avanzando, contra viento y marea, por el Camino del Héroe. De ahí que sea tan necesaria en esta etapa la figura arquetípica del guerrero, ese ser humano —hombre o mujer— capaz de resistir el embate de la prueba. Cuando se traspasa la «zona de hundimiento» se llega a la siguiente etapa, denominada «zona de descubrimiento», o «zona de *breakthrough»,* que es donde comenzamos a reconocer tanto los recursos de los que disponemos como el origen de muchos de los bloqueos que sufrimos. Aquí uno hace descubrimientos vitales y tiene intuiciones con un gran poder transformador. Cuando llegamos a esta zona es cuando más se manifiesta el crecimiento, la mejora, la evolución e incluso la transformación.

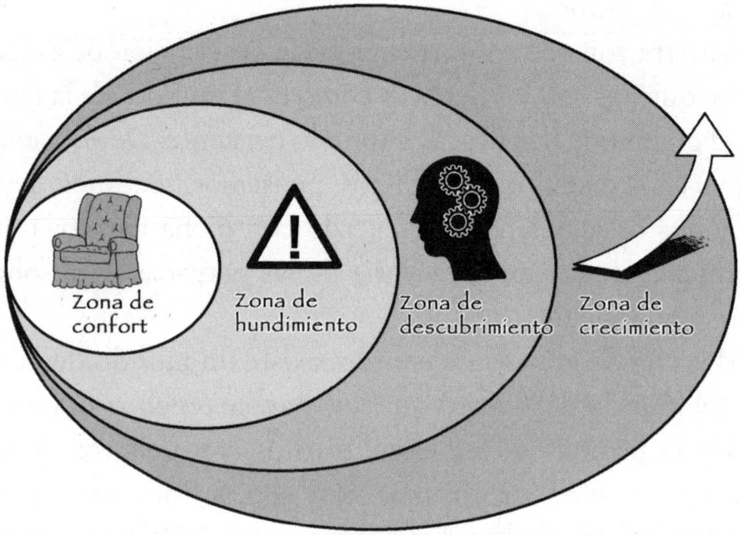

Para una mayor claridad, veamos todo esto reflejado en un hecho histórico: el descubrimiento de América.

Hace unos quinientos años, se creía que la línea del horizonte marcaba el fin del mundo y que más allá de ella se abría un abismo en el que habitaban dragones. Es decir, la zona de confort de la época llegaba hasta la línea del horizonte, no más allá. Nadie se atrevía a salirse del «mapa». Esta narrativa afectaba a la forma de pensar, de sentir y de actuar de la gente de entonces: a nadie se le ocurría ir más allá y cualquiera que se adentrara con su barco en la mar procuraba no perder de vista la playa para no caer en un estado de pánico.

Sin embargo, hubo un navegante, Cristóbal Colón, que, junto a sus marineros, sí se atrevió a hacerlo. Estos intrépidos seres humanos, unos verdaderos «locos», tuvieron que hacer frente no solo a fuertes tormentas y a la escasez de alimentos, sino también a ese miedo de quien se siente solo y perdido en medio del océano (zona de *breakdown*). No obstante, porque no abandonaron, porque persistieron sin desfallecer, sin tirar la toalla, descubrieron algo que ni siquiera era lo que buscaban (zona de *breakthrough*), pero que resultó ser mucho más relevante. Como todos sabemos, Colón y sus hombres no encontraron una ruta por mar a las Indias para traer las valiosas especias que allí se cultivaban, sino que descubrieron un nuevo continente, un continente que no existía en los mapas.

Por eso, toda la magia la encontraremos fuera de nuestra zona de confort. Cuando uno sale de ella y atraviesa ese espacio donde se siente solo, perdido y en peligro, lo que descubre es algo que no estaba en el «mapa de su mente». De ahí que se denomine «zona de descubrimiento», porque produce sorpresa, asombro y gratitud. El descubrimiento de América fue transformador a nivel social, del mismo modo que los descubrimientos que hacemos cuando salimos de nuestra zona de confort, atravesamos la zona de hundimiento y llegamos a la zona de descubrimiento tienen la capacidad de transformar nuestras vidas en lo que se refiere a salud, vitalidad, prosperidad económica, relaciones personales, bienestar y felicidad.

Sin embargo, como ya hemos señalado, para descubrir ese nuevo continente —esos recursos increíbles que hay dentro de cada uno de nosotros— hemos de emprender no un viaje turístico, sino un viaje de reto y aventura. Un viaje del héroe, como el que realizó Ulises una vez finalizada la guerra de Troya para volver a su querida patria, Ítaca. Un viaje que se describe en la *Odisea,* escrita, al parecer, por Homero en el siglo IX a. C., y que quedó reflejado espléndidamente en este famoso poema del escritor griego Constantino Cavafis.

Ítaca

Cuando comiences tu viaje a Ítaca
pide que el camino sea largo,
lleno de aventuras, de experiencias.

No temas a los lestrigones ni a los cíclopes
ni al colérico Poseidón,
no hallarás nunca esos seres en tu camino,
si tu pensar es elevado, si selecta

es la emoción que toca tu espíritu y tu cuerpo.
Ni a los lestrigones ni a los cíclopes
ni al salvaje Poseidón encontrarás,
si no los llevas en tu alma,
si no los eleva tu alma ante ti.

Pide que el camino sea largo.
Que sean muchas las mañanas de verano
en que llegues —¡con qué placer y alegría!—
a puertos nunca vistos antes.
Detente en los bazares de Fenicia
y hazte con hermosas mercancías,
nácar y coral, ámbar y ébano
y toda suerte de perfumes sensuales,
cuantos más abundantes perfumes sensuales puedas.
Dirígete a muchas ciudades egipcias
a aprender, a aprender de sus sabios.

Conserva siempre a Ítaca en tu mente.
Llegar allí es tu destino.
Pero no apresures nunca el viaje.
Mejor que dure muchos años
y atracar, viejo ya, en la isla,
enriquecido de cuanto ganaste en el camino
sin esperar a que Ítaca te enriquezca.

Ítaca te brindó tan hermoso viaje.
Sin ella no habrías emprendido el camino.
Pero no tiene ya nada que darte.

Aunque la halles pobre, Ítaca no te ha engañado.
Así, sabio como te has vuelto, con tanta experiencia,
entenderás ya qué significan las Ítacas.

4
La dulce oscuridad

No podemos controlar las cartas que nos llegan ni saber el resultado del juego. Lo único que podemos es decidir la forma en la que las jugamos

Si queremos crecer, mejorar, evolucionar y convertirnos en quien estamos llamados a Ser, necesitamos emprender nuestro propio viaje a Ítaca, ese que nos permitirá despertar y reconocer nuestra verdadera identidad. Somos «mariposas», somos «águilas», no orugas que viven arrastrándose, o pollos encerrados en un corral. El Camino del Héroe nos invita a abandonar nuestro mundo conocido para adentrarnos en otro desconocido. Cuando entremos en él, nos encontraremos con esas sombras y fantasmas a los que tanto tememos, y también con esos seres, símbolos e imágenes que nos ayudarán de las formas más sorprendentes, ofreciéndonos su inspiración, su conocimiento, sus estrategias, su apoyo y su acompañamiento.

Recorrer ese mundo desconocido y tenebroso no es sencillo. Es en este proceso de transitar por la oscuridad sin desfallecer, sin tirar la toalla, sin abandonar, cuando nuestra verdadera identidad, nuestra auténtica grandeza, empieza a abrirse paso.

Me gustaría traer aquí un poema de David Whyte en el que se aprecia cómo se puede tener una relación muy diferente de la habitual con la oscuridad. La poesía y el lenguaje metafórico, a diferencia del literal, tienen la capacidad de apuntar a realidades más sutiles.

Dulce oscuridad

Cuando están cansados tus ojos
Está cansado también el mundo
Cuando tu visión se ha ido
No existe lugar del mundo que te pueda hallar
Tiempo de ir hacia la oscuridad
Donde la noche tiene ojos
Para distinguir a aquellos que le pertenecen
Ahí puedes estar seguro
Que no estás fuera del alcance del amor
La oscuridad será tu vientre esta noche
La noche te otorgará un horizonte
Mas allá de lo que puedes ver
Debes aprender solo una cosa
El mundo fue hecho para ser libre dentro de él
Renuncia a todos los mundos
Menos al que perteneces tú
A veces se necesita la oscuridad y el dulce
encarcelamiento de tu soledad para aprender
Cualquier ser o cualquier cosa
Que no te colme de vida
Es demasiado pequeño para ti

Para transformar nuestra vida y convertirnos en quienes estamos llamados a Ser necesitamos cumplir cinco premisas:

1. Ser conscientes de que podemos elegir entre esclavitud o libertad, entre arrastrarnos o volar.
2. Asumir la responsabilidad en el proceso de alcanzar la libertad y de reclamar nuestra verdadera identidad. La libertad es un estado interior, y por eso es en nosotros y no en nuestras circunstancias donde se encuentra el verdadero poder para que haya libertad.

3. Sentir en nuestro corazón y en nuestras tripas lo que supondría dicha transformación para nuestra vida y la de nuestros seres queridos. Ser conscientes de las posibilidades que se presentarían, las oportunidades que se generarían, si nos relacionáramos con el mundo como águilas y no como pollos, como mariposas y no como gusanos.
4. Tener confianza en que si creemos, si tenemos fe, antes o después acabaremos viendo. Creer, tener fe, es una decisión, y también un sentimiento de certeza acerca de algo. Es abrirse a la magia para que se haga posible lo que parece imposible.
5. Empezar a dar un paso detrás de otro, empezar a poner una piedra sobre otra, pero no como quien cree que está construyendo un simple muro, sino como quien sabe que está construyendo una catedral.

Suelo decir que uno sale de su zona de confort solo por dos motivos: inspiración o desesperación. La posibilidad de descubrir un nuevo continente es, sin duda, una extraordinaria fuente de inspiración. Sin embargo, cuando uno «está harto de estar harto» es cuando resulta más fácil dejar de prestar atención a las manidas frases que tantas veces nos han repetido hasta quedar grabadas en nuestro inconsciente:

— *La curiosidad mató al gato.*
— *Más vale pájaro en mano que ciento volando.*
— *Más vale malo conocido que bueno por conocer…*

Ya hemos visto lo limitada que es la mente ligada al hemisferio izquierdo a la hora de resolver paradojas y enfrentarse a desafíos. Cuando ni unas ni otros se pueden resolver con los conocimientos adquiridos y la experiencia previa, nos ponemos tensos, nos frustramos, nos convertimos en personas huidizas o nos bloqueamos. Para solucionar estos desafíos no podemos quedarnos enredados en el problema, en la dificultad, en el obstáculo, sino que debemos aprender a ir más allá. Cuando lo logremos, se desplegará la creatividad y, además, seremos capaces de mirar la situación desde una perspectiva completamente diferente.

Una de las principales diferencias entre la mente ligada al hemisferio izquierdo y la que está ligada al hemisferio derecho es que la primera, cuando algo no encaja en su «mapa» —esto es, cómo espera que sean las cosas, cómo *deberían* ser las cosas—, se resiste, se enfrenta e intenta negar o anular la realidad. De hecho, se resiste a la misma Vida cuando esta no se pliega a sus caprichos. La resistencia siempre implica lucha, desgaste, enfrentamiento y cansancio, y está asociada a la activación de una parte del sistema nervioso —el sistema nervioso simpático—, el cual, cuando se mantiene mucho tiempo activado, genera un estado de desgaste del cuerpo y de deterioro de la mente que promueve la enfermedad física, la ansiedad y la depresión.

Por el contrario, la mente ligada al hemisferio derecho, al estar vinculada no al «mapa», sino al «territorio», observa las cosas con una mayor amplitud de miras. Quien mira desde un sitio distinto, desde otra perspectiva, también alcanza una percepción diferente. En este sentido resulta apasionante saber que el hemisferio izquierdo del cerebro es clave a la hora de establecer las reglas y seguir una conducta determinada. Sin embargo, incluso en muchos animales, el hemisferio derecho es el que desempeña un papel predominante en todo lo que tiene que ver con adaptarse a un nuevo contexto, un contexto que va más allá de las reglas. Recordemos que el hemisferio derecho

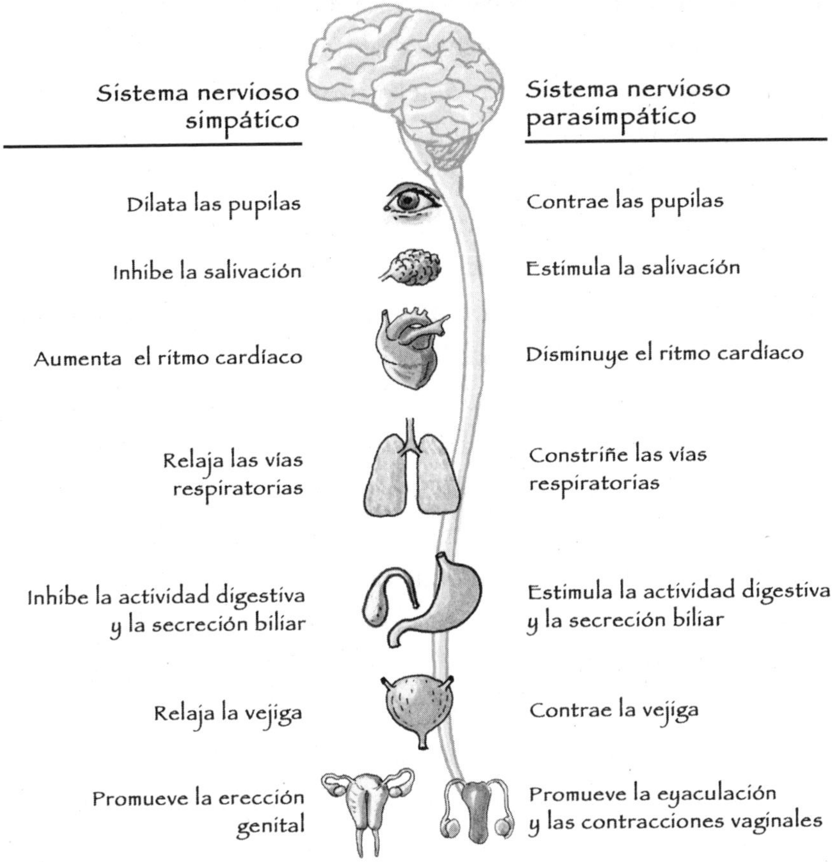

Sistemas simpático y parasimpático

es el único que puede entender los contextos. Solo la mente ligada a esta parte del cerebro es capaz de ir más allá del «mapa», más allá de esas apariencias que con frecuencia nos engañan. Mientras que la mente ligada al hemisferio izquierdo tiene una mirada superficial, la que está conectada al derecho tiene una mirada profunda. Por eso, porque tienen dos formas diferentes de enfocar la atención, también ven, perciben, cosas distintas. Ante el mismo problema, obstáculo o reto, la mente ligada al hemisferio izquierdo mostrará tensión y confusión, mientras que la ligada al hemisferio derecho —aunque no seamos conscientes de ello— se mantendrá tranquila y serena, pues verá con claridad la solución.

Ante una misma situación compleja, la mente consciente siente aversión, mientras que la inconsciente acoge y acepta, y por eso es capaz de transformar. Ya veremos que en el Camino del Héroe uno ha de acoger, aceptar e incluso abrazar sus propias sombras y heridas. Hablo de abrazar, no simplemente de tolerar. Al fin y al cabo, ¡cuántos de nosotros, si no hubiera sido por nuestras heridas, no habríamos llegado muy lejos! Es probable que alguna de nuestras heridas se haya convertido en un potentísimo motor que nos ha permitido alcanzar importantes objetivos. Hay muchas personas heridas por la falta de estima de otros y que, precisamente por sentirse heridas, lucharon para demostrar su verdadero valor a quienes nunca les tomaron en consideración. Este acoger las sombras y abrazar las heridas no puede hacerse a través de la mente ligada al hemisferio izquierdo, que es la estructura que da soporte al lenguaje y al pensamiento. Necesitamos un abordaje diferente, que es el que nos ofrece la mente ligada al hemisferio derecho, donde el pensamiento es menos relevante y lo que predominan son las imágenes, los sentimientos y las sensaciones corporales.

Si la mente ligada al hemisferio izquierdo contempla el cuerpo como una máquina que solo sirve para mantenernos vivos y pasear a esa cabeza (a la que asociamos la capacidad exclusiva de razonar), la mente ligada al hemisferio derecho sabe que el corazón, el aparato digestivo, la musculatura y las células sirven mucho más que para bombear sangre, digerir los alimentos, movernos o llevar a cabo funciones corporales específicas. Todos los sistemas corporales sirven para *pensar,* aunque, por supuesto, hablamos de un *pensar* muy distinto del habitual. A esta capacidad de pensar de nuestro cuerpo se la denomina «inteligencia somática». Es importante recordar que no solo hay un cerebro dentro del cráneo, sino que el corazón, el aparato digestivo, la musculatura y las propias células poseen la capacidad de procesar información.

¡Qué duda cabe de que todo esto resulta absurdo para una mente tan cartesiana como la conectada con el hemisferio izquierdo del cerebro! Por eso es una mente tan ligada al ego, a la arrogancia, a despreciar lo que no conoce y a sostener que todo lo que no conoce —por el simple hecho de no conocerlo— sencillamente no existe. Eso lo vemos en algunos posicionamientos, como el cientificismo, corriente filosófica que, amparándose en la ciencia, sostiene que todo aquello que se resiste al método científico —lo que no se puede pesar ni medir— no solo carece de relevancia, sino que ni siquiera existe. Es oportuno recordar que para este tipo de movimientos de la «época moderna», marcados por su rigidez e inflexibilidad, también carecía de relevancia la denominada «materia oscura», y ahora resulta que en ella está la clave para entender el orden del Universo.

5
Puertas que abren mundos

No es lo que podemos hacer, es lo que podemos Ser

Cuando la única mente que orienta nuestra vida es la ligada al hemisferio izquierdo, tenemos un estado limitado de consciencia; es decir, vemos mucho menos de lo que en realidad hay y, por tanto, nuestras opciones para elegir se encuentran igualmente limitadas. Cuando ambas mentes se sincronizan, a través de lo que se conoce como consciencia unificada, experimentamos «un estado ampliado de consciencia» y se nos revelan opciones que antes estaban ocultas.

Precisamente porque los desafíos a los que nos enfrentaremos en nuestro Camino del Héroe exceden ampliamente la capacidad de la mente ligada al hemisferio izquierdo, necesitaremos experimentar esa expansión de nuestro estado de consciencia. Por eso podríamos decir que el Camino del Héroe nos lleva de un estado limitado de consciencia a uno expandido, de dos consciencias divididas a una unificada. Desde ese nuevo estado, todo cambia, desde nuestra forma de mirar hasta aquello que somos capaces de ver, de apreciar. También cambia la forma en la que interpretamos las cosas, porque las entendemos en su verdadero contexto, y también, cómo no, cambia nuestra forma de pensar, de sentir y de responder a los desafíos que nos encontramos. Por eso no hay misión más importante en la vida que ampliar nuestro estado de consciencia, es decir, unificar nuestra consciencia.

Los tres umbrales

Lo que puede hacer una persona que ha llegado a unificar su consciencia para mejorar este mundo es difícil de imaginar. Cuando se produce la vuelta a casa, una vez recorrido el Camino del Héroe, esa persona se convierte en la luz que ilumina el camino de los demás. Por eso se dice que ha alcanzado la iluminación o el verdadero despertar.

Hay tres tipos de umbrales —o puertas— que nos llevan de nuestro mundo conocido a ese otro desconocido. Primero se produce el paso del mundo consciente del hemisferio izquierdo al inconsciente del hemisferio derecho, para después pasar de un espacio a otro dentro de la esfera inconsciente. Cruzar estos umbrales implica hacer frente a distintas pruebas, que, a medida que se van superando, harán que el héroe o la heroína experimenten un mayor nivel de crecimiento, de evolución y de despertar. Cada uno de estos tres umbrales nos introduce en un mundo diferente de desafíos y de oportunidades, si bien tienen algo en común: los tres nos ayudarán a reconectar con algo de lo que nos habíamos desconectado.

Expondré ahora, brevemente, la naturaleza de los tres umbrales.

Primer umbral

Nos permite reconectar con el cuerpo, con la inteligencia somática. Vivimos en una cultura muy influida por Newton y Descartes, lo que hace que tengamos una tendencia muy marcada a separar las cosas. Observamos nuestro cuerpo, pero no lo sentimos a un nivel profundo. Por eso se habla tanto en psicoterapia de la distancia que mantenemos con nuestro cuerpo, una distancia que, por muy sorprendente que nos parezca, repercute directamente en cómo nos sentimos. De ahí que se dé también tanta importancia a los beneficios de la expresión corporal en la mejora de cuadros de ansiedad relacionados con traumas afectivos.

Quien cruza este primer umbral establece un tipo de relación con su cuerpo completamente diferente al que previamente tenía. Esto se nota porque se tienen nuevas sensaciones corporales, se adquiere un mayor equilibrio emocional y se desarrolla la intuición. Recordemos que en nuestro cuerpo hay al menos cuatro cerebros, además del intracraneal, que son el

digestivo o cerebro entérico, el cardiaco, el muscular y el celular. Cruzar el primer umbral nos da la oportunidad de volver a conectar con todos ellos.

Segundo umbral

Cuando cruzamos el segundo umbral, pasamos del mundo físico al espacio que existe entre lo físico y lo espiritual, lo material y lo energético, la forma y el fondo. Por eso, conectaremos con un mundo de arquetipos y símbolos que son representaciones mentales que nos ponen en relación con todo un mundo de imágenes, sentimientos, sensaciones y potencialidades ocultas.

Un símbolo como la cruz, por ejemplo, evoca en un cristiano algo de gran profundidad. A ese símbolo están asociados imágenes, sentimientos, sensaciones, virtudes e incluso un sentido de vida. También el símbolo del *yin* y el *yang* del taoísmo evoca una dimensión profunda de la existencia y un camino para el despertar.

En el Camino del Héroe encontraremos también una serie de arquetipos que no solo tienen la capacidad de evocar en nosotros imágenes, sentimientos y sensaciones, sino que, además, darán forma —haciéndolos tangibles— a algunos de los obstáculos que no nos dejan avanzar y, cómo no, a aquellas potencialidades que necesitamos que afloren. Después de cruzar el segundo umbral, nos toparemos con las pruebas más difíciles, por lo que será necesario ir bien armados con los recursos y las capacidades que hayamos adquirido al cruzar el espacio que existe entre el primero y el segundo umbral.

Tercer umbral

Atravesar el tercer umbral nos pondrá en contacto con el mundo del espíritu. Si recordamos, cuando cruzamos el primer umbral pudimos reconectar con ese cuerpo del que nos sentíamos separados. Después, al cruzar el segundo umbral, lo hicimos con dimensiones de la mente que estaban enfrentadas y en permanente conflicto. Cuando se cruza el tercero, se entra en contacto con ese campo cuántico también conocido como «Océano del Ser». Es entonces cuando podemos experimentar el poder creador, sanador y transformador de aquello que es infinita Consciencia y Amor.

LAS DOS FORMAS DE ACTUAR DEL CEREBRO

Para atravesar cualquiera de los tres umbrales debemos experimentar lo que se conoce como *estado de trance* o absorción plena, que es el que nos permite salir del control, del dominio de la mente ligada al hemisferio izquierdo y penetrar en el vasto espacio de la que está ligada al hemisferio derecho. De hecho, la palabra «trance» proviene del latín y significa «transitar, cruzar, transportarse». Así, en el estado de trance, transitamos, cruzamos y nos transportamos de la mente ligada al hemisferio izquierdo a la ligada al hemisferio derecho. Por eso hablamos de cruzar el umbral, un umbral que nos lleva de un mundo conocido a otro que no lo es.

Recordemos que la mente ligada al hemisferio izquierdo busca sobre todo lo operativo, lo útil, lo práctico, mientras que la ligada al hemisferio derecho busca el conocimiento que habita en lo profundo, más allá de la superficie.

Albert Einstein decía: «Todo problema bien definido es un problema ya medio resuelto». La definición de un problema implica conocer sus raíces profundas, no solo su causa aparente, sino su origen. Describir el problema es más propio del hemisferio izquierdo, mientras que definir su verdadero origen lo es del hemisferio derecho.

Pondré un ejemplo.

En la India mueren diariamente cientos de niños por enfermedades intestinales. La causa son ciertas bacterias que producen la inflamación del intestino y que se eliminan con antibióticos. Si evitar que estos niños murieran dependiera solo de la mente ligada al hemisferio izquierdo, esta diría que lo que hay que hacer es dar antibióticos a todos los niños que hayan enfermado. Sin embargo, las circunstancias pronto harían ver a dicha mente que no hay recursos económicos suficientes para suministrar antibióticos a una población tan numerosa.

Ante la insolubilidad del problema, la mente del hemisferio izquierdo se resiste de tres maneras:

1. Rebelándose contra la injusticia de un mundo de ricos y pobres: enfado, crispación, ira.
2. Resignándose ante la muerte inevitable de tantos inocentes.
3. Bloqueándose y siendo incapaz de tomar nuevas decisiones.

Por el contrario, la mente conectada con el hemisferio derecho abordará el problema desde otro ángulo, desde una perspectiva completamente diferente, haciéndose una serie de preguntas y buscando las respuestas:

PREGUNTA: ¿Qué hace que mueran más niños en la India que en otros lugares?
RESPUESTA: El que los niños están más en contacto con patógenos.

PREGUNTA: ¿Qué es lo que hace que niños de otros lugares que también están en contacto con patógenos no tengan infecciones?
RESPUESTA: Se lavan las manos con jabón.

PREGUNTA: ¿Qué impide que muchos niños en la India se laven las manos con jabón?
RESPUESTA: No lo tienen.

Como vemos, la solución aportada por cada una de las mentes es muy diferente. La primera mente, la conectada al hemisferio izquierdo del cerebro, propone que se compren antibióticos (muy caros), mientras que la segunda, la conectada al derecho, propone que se compre jabón (muy barato).

Supongamos ahora que se opta por comprar jabón y los niños no lo usan. La mente ligada al hemisferio izquierdo se frustraría de nuevo e intentaría obligar a los niños a lavarse las manos con jabón. De nuevo nos encontraríamos en un callejón sin salida, porque no es fácil vigilar a los niños para que se laven las manos, y otra vez llegaría la frustración.

Sin embargo, la mente ligada al hemisferio derecho del cerebro opta por otro abordaje:

PREGUNTA: ¿Qué hace que estos niños, a pesar de tener jabón, no se laven las manos?

RESPUESTA: No han desarrollado el hábito de hacerlo.

PREGUNTA: ¿Hay algún momento del día en el que estos niños sí se lavan las manos?

RESPUESTA: Sí, ellos utilizan tiza blanca en la escuela para escribir en la pizarra y, finalizada la clase, se lavan las manos para quitarse la tiza.

Hoy en día, en muchas escuelas de la India las tizas tienen una solución antiséptica que hace que, cuando los niños se lavan las manos, no solo se quiten el polvo blanco, sino que las desinfecta.

Sirva este ejemplo para darnos cuenta de las dos formas de operar que tienen nuestras mentes.

Por esa misma razón, no es posible «pensar en grande» mientras operamos solo con la mente ligada al hemisferio izquierdo. Solo «piensa en grande» la mente ligada al hemisferio derecho, de modo que cuando ambas se conectan y se supera la división —generándose una consciencia unificada—, no solo se «piensa en grande», sino que también se «vive en grande». Esto tiene un impacto en nuestra salud y en el tipo de relaciones que establecemos con nosotros mismos, con los demás y con la Vida. También genera un impacto en los niveles de prosperidad, bienestar y felicidad que experimentamos. Cuando nuestras dos mentes se sincronizan y la consciencia se unifica, afloran nuevos talentos y capacidades que previamente estaban ocultos. Es entonces cuando proyectamos al mundo nuestra mejor versión, y por eso la salud, las relaciones humanas, la prosperidad, el bienestar y la felicidad pueden alcanzar en nuestra vida un nuevo nivel que previamente resultaba inimaginable.

La mente ligada al hemisferio izquierdo solo puede aspirar a objetivos lógicos, sensatos, racionales, y, sin embargo, cuando se produce la sincronización de nuestras dos mentes, conseguimos objetivos exponenciales, extraordinarios, fuera de serie. Por eso el Camino del Héroe nos da la posibilidad de expresar y proyectar la mejor versión de nosotros mismos, la única capaz de hacer realidad nuestros más grandes sueños. De manera que, cuando ambas mentes se sincronizan y nuestra consciencia se unifica, experimentamos sorpresa, admiración, gratitud y una profunda alegría interior. Es como si hubiéramos vivido gran parte de nuestra vida atrapados en un plano de dos dimensiones (la mente ligada al hemisferio izquierdo) y ahora se nos revelara un plano nuevo, una tercera dimensión que nos muestra recursos, capacidades y potencialidades previamente ocultos e inaccesibles.

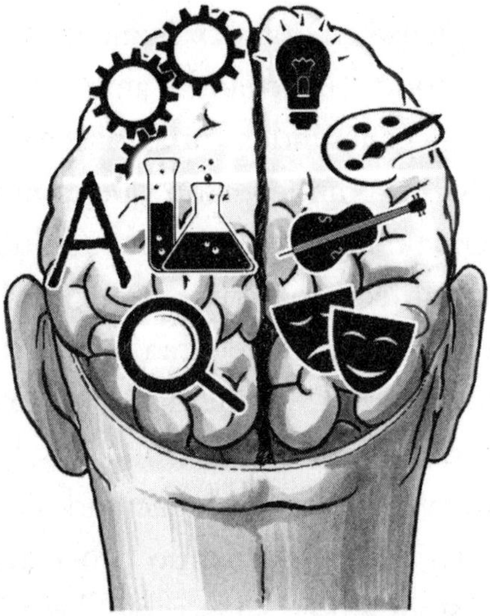

Conexión entre los dos hemisferios cerebrales

Haciendo referencia al valor de las preguntas para mostrarnos nuevas realidades, Albert Einstein decía: «Lo importante no es encontrar respuesta a las viejas preguntas, sino aprender a hacernos nuevas preguntas, preguntas que nunca nos hemos hecho antes».

6
No pierdas tu centro

Si caes, cae con estilo

Cuando practicaba taekwondo —un arte marcial coreano—, muchos de los ejercicios implicaban saltos en el aire. Era fundamental que, cuando cayéramos, lo hiciéramos de tal manera que no perdiéramos la estabilidad. Para ello debíamos estar constantemente en conexión con nuestro centro de gravedad.

La entrada a ese mundo desconocido que es la mente del hemisferio derecho se hace a través del cuerpo. Si este se encuentra tenso o crispado, no podemos ir más allá. Ahí se acaba el camino. Por ello, lo primero que debemos conseguir es que el cuerpo se relaje de una manera profunda. Esto es una parte fundamental del «estado de trance». El cuerpo no se puede relajar mientras la mente del hemisferio izquierdo controle el proceso, decidiendo lo que ocurre, cómo ocurre y cuándo ocurre. De ahí la importancia de dejarse ir, de dejarse llevar, de dejarse moldear. No es posible lograrlo si uno no tiene humildad, ilusión y confianza. Humildad para abrirse a una realidad más amplia que la que conocemos, e ilusión y confianza al saber que, cuando se cruza la línea del horizonte, uno no se encontrará con un precipicio lleno de monstruos, sino que navegará hacia un nuevo continente.

Es verdad que en el camino tendremos que hacer frente a tormentas y vientos huracanados, y los sentiremos cuando nos encontremos con aquello que escondemos y que constituye lo que llamamos nuestras sombras. Allí estarán nuestro ego parental y nuestro niño herido, con sus distintas manifestaciones, algunas llenas de dureza y otras, de sensibilidad. Sin embargo, más allá de las duras pruebas que hay en el camino existe una nueva tierra llena de posibilidades y oportunidades. Es transitando por esa tierra como se nos revelará nuestro rostro más oculto, nuestra verdadera identidad.

Prestar atención a la respiración es fundamental para generar ese estado de trance. Se trata de enfocar nuestra atención para que quede completamente absorta en la respiración. El ego en el yo adulto, que es una emanación de la mente ligada, sobre todo, al hemisferio izquierdo, intentará controlar el ritmo de nuestra respiración. No obstante, debemos lograr que sea el mismo cuerpo el que la controle. Se trata de observar la respiración como si no fuera nuestra. De esta manera iremos notando cómo se vuelve cada vez más lenta, rítmica y profunda. Curiosamente, el corazón también irá armonizando su ritmo, produciéndose lo que se denomina un estado de *coherencia cardíaca,* que tiene un impacto muy positivo en el funcionamiento del cerebro y en la sincronización de los dos hemisferios cerebrales.

El centro de gravedad

En nuestro cuerpo existe un centro que, aunque es físico, tiene una cualidad energética. Los japoneses lo denominan *Hara* y lo sitúan unos dos centímetros por debajo del ombligo.

Localización del *Hara*

Si has ido a una feria de pueblo, seguro que has visto algún puesto donde, por una cantidad pequeña de dinero, tiras unas pelotas contra unos muñecos que se llaman «tentetiesos». Por más fuerte que le des, el muñeco nunca cae, sino que se inclina por el impacto recibido para después, en cuestión de segundos, recuperar el equilibrio. Todos estos muñecos tienen en su interior algo pesado —generalmente, un núcleo de plomo— que les permite recobrar el equilibrio cuando han sido desplazados por un impacto, como acabamos de explicar. Ese núcleo de plomo equivaldría a nuestro *Hara*.

Desde un punto de vista médico, el *Hara* se situaría en el plexo solar, que es donde se juntan las fibras del sistema nervioso simpático con las del sistema nervioso parasimpático, las cuales envían y reciben información de nuestro segundo cerebro, que es el aparato digestivo. Los hindúes se refieren a este centro como el tercer *chakra,* también denominado *Manipura.* Para ellos es el centro energético que está en «diálogo» permanente con las vísceras digestivas.

Cuando decidimos atravesar el primer umbral, debemos hacernos una serie de preguntas que están completamente *out of the box,* fuera del mapa, fuera del dominio de la mente vinculada al hemisferio izquierdo, y dejar que sea el cuerpo el que las responda. Se trata de permitir que la respuesta venga de ese lugar central, de ese *Hara,* en lugar de pretender encontrarla en la mente pensante. Hablo de preguntas como estas:

— *¿Cuál es el verdadero propósito de mi vida?*
— *¿En qué estoy llamado a convertirme hoy?*
— *¿Cuál es la mejor solución para la situación en la que me encuentro?*
— *¿Qué me limita mental, emocional y anímicamente para avanzar más en la vida?*

Es importante recordar que a la mente vinculada al hemisferio izquierdo le resulta absurdo esperar una respuesta medianamente coherente de lo que se considera que son simples vísceras. Sin embargo, cuando uno tiene una intuición, ¿dónde la siente, en la cabeza o en las tripas? Tradicionalmente, la medicina siempre ha considerado que el aparato digestivo solo servía para eso, para hacer la digestión. Ahora, sin embargo, lo ve como un segundo cerebro capaz de procesar información de una manera muy sofisticada y distinta del tipo de procesamiento que lleva a cabo la mente ligada al hemisferio izquierdo.

Por tanto, de lo que se trata es de hacerse la pregunta y conectar plenamente con el *Hara,* con ese centro físico y energético, y esperar la respuesta con ilusión, confianza y paciencia.

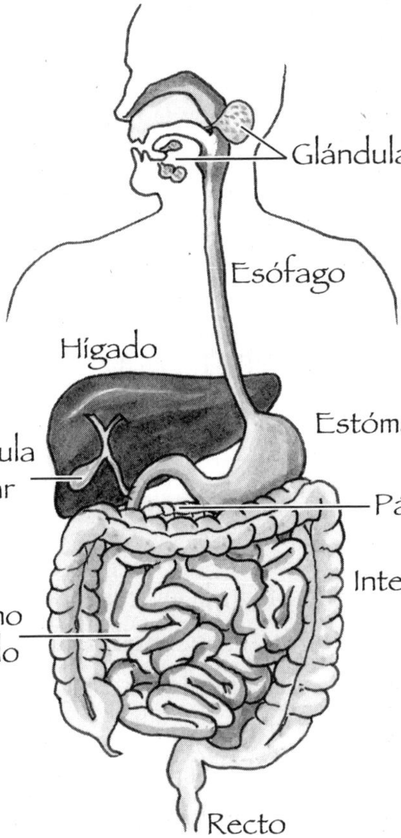

Aparato digestivo

Tengamos siempre en cuenta que la paciencia no es aguantarse, sino adaptarse al ritmo natural de las cosas.

Posiblemente no seamos capaces de verbalizar o explicar de forma racional en qué consiste la solución o la respuesta que nos propone el cuerpo. Es demasiado pronto para ello. Lo que sí podemos experimentar es una serie de sensaciones sutiles, casi como una vibración energética, que no es sino la manera en la que el cuerpo nos envía mensajes, aunque por el momento escapen a nuestro intelecto.

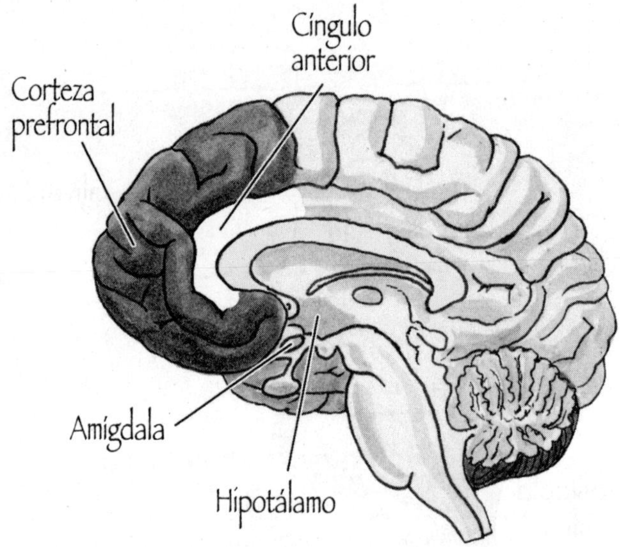

La respuesta que nos brinda el cuerpo alcanza estructuras cerebrales tales como la ínsula de Reil, el cíngulo anterior, los núcleos amigdalinos y determinadas áreas prefrontales del cerebro. Obviamente, estos mensajes que llegan al hemisferio derecho no pueden ser comprendidos mediante la lógica, ya que se encuentran de alguna manera encriptados en un lenguaje extraño e incomprensible. Sin embargo, ciertas áreas del cerebro sí los entienden, y esto es lo importante. Eso es lo que marca la diferencia.

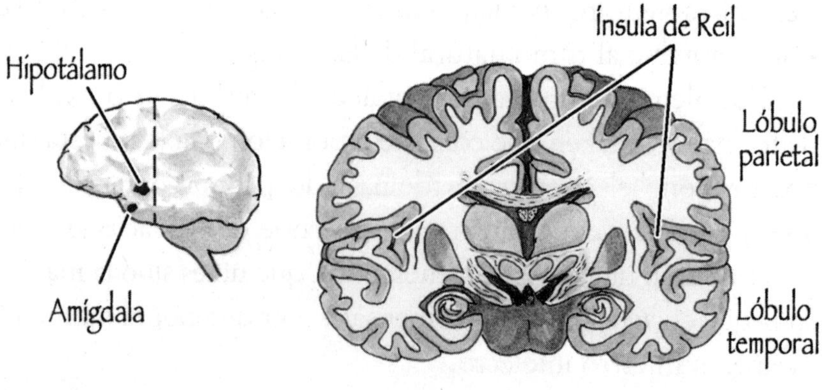

La distancia emocional

Estar centrado en el *Hara* es como sentir que uno es una montaña, con los pies anclados en el suelo y la cabeza tocando el cielo. Aunque llegue el invierno con sus vientos helados, la montaña no pierde su centro, su solidez y su presencia. Aunque llegue el verano con sus altas temperaturas, la montaña se mantiene erguida, estable. Aunque llegue el otoño con sus difíciles momentos de cambio, la montaña sigue estable, y cuando llega la primavera, época sin duda agradable, la montaña no se aferra a ella para impedir que se acabe. La montaña sabe que la primavera pasará, y que vendrá el verano, y después el otoño, y de nuevo el invierno. La montaña no está contenta en primavera, enfadada en invierno, triste en otoño y adormilada en verano. La montaña no se resiste a lo que es porque entiende el contexto y sabe que el paso de las estaciones no solo es perfecto, sino necesario. La montaña puede preferir la primavera al invierno, pero ni está apegada a la primavera (algo así como si exclamara: «¡Solo quiero primaveras en mis laderas!») ni siente aversión por los inviernos (como si exclamara: «¡No quiero la presencia de ningún invierno en mis laderas!»).

Otra analogía podría ser la del cielo, que puede estar despejado o lleno de nubes. El cielo no se altera por la presencia o la ausencia de nubes, ya que no se identifica con ellas. Mantener esta distancia emocional es absolutamente fundamental. Cómo nos relacionamos con algo es lo que más influye en cómo lo vivimos. Por ejemplo, uno puede pasar por un momento de tristeza y, sin embargo, saber que somos mucho más que la tristeza que sentimos. La existencia de preferencias sin apegos ni aversiones es una de las características de las personas que poseen un nivel de consciencia expandido.

Conectar con nuestro *Hara,* con nuestra dimensión-montaña, es fundamental para que afloren nuestros verdaderos recursos y poder expresar así nuestro auténtico poder interior. Si reflexionamos un poco, nos daremos cuenta de que cuando una persona sufre una provocación y pierde su centro somático, desconectándose de su *Hara,* todo su cuerpo se deforma y se empequeñece, su cara se tensa, frunce el ceño, cambia su patrón respiratorio (la respiración se vuelve rápida y superficial) y su tono de voz se altera. Se tensan, además, el cuello, los hombros y la espalda. Hoy se sabe que todos estos síntomas corporales se asocian a la presencia en sangre de cortisol, la «hormona del miedo».

Por eso, no podemos permitirnos el lujo de perder el centro, el *Hara.* No es el centro el que nos abandona, sino que es nuestra mente la que lo abandona a él. Tenemos que evitar que el cuerpo se encoja; de ahí la extraordinaria importancia de mantener el cuerpo erguido, el pecho sacado, los hombros hacia atrás, el abdomen metido, los pies firmemente anclados en el suelo (como si lo empujáramos hacia abajo), las rodillas ligeramente flexionadas y las piernas apretando hacia adentro para favorecer una base de apoyo sólida. Se trata de bajar nuestro centro de gravedad, tal y como se hace cuando se practican las artes marciales. La respiración ha de mantenerse tranquila y sosegada. Esta postura épica transmite poderío no solo hacia el exterior, sino también hacia el interior.

Así pues, lo que debemos tener presente se resume en pocas palabras:

No permitas que nada empequeñezca tu cuerpo. Si lo haces, estarás empequeñeciendo tu inteligencia, tu creatividad y tu capacidad de tomar buenas decisiones.

Si vivimos plenamente en este mundo, tomaremos malas decisiones, experimentaremos el dolor del error y tendremos que aprender de ese error para que no se convierta en un fracaso. Además, habrá personas a las que no les gustemos, nos criticarán, nos herirán y de nuevo sentiremos dolor. Sin embargo, para poder convertir toda esta experiencia en avance, en crecimiento, en mejora y en evolución, debemos asegurarnos de que nada encoja nuestro cuerpo, que nada lo haga más pequeño. Hemos de recordar que cuando conectamos con nuestra inteligencia somática, estamos favoreciendo que circule ese *Ki,* ese *Qi,* ese *Prana,* esa energía vital de la que nos hablan las culturas ancestrales y que es fuente de sabiduría, creatividad, sanación y transformación.

Tanto el enfrentamiento como el rechazo, ya sea a una situación complicada o a una enfermedad, rompe la conexión con el *Hara.* La sumisión, la resignación, adoptar el papel de víctima también lo hace. Aceptar, como la montaña, que a veces es primavera y otras verano, otoño o invierno, es lo que nos permite mantenernos conectados con nuestro centro.

En realidad, solo la aceptación de lo que es evita que se activen las reacciones de ataque, huida o bloqueo. Solo desde la aceptación es posible una nueva respuesta, a la que denominamos *fluir.* Por eso, para fluir, lo primero es recibir; lo segundo, aceptar (no resistirse, no enfrentarse a lo que está sucediendo), y lo tercero, transformar. Cuando fluimos, la relación con lo que nos ocurre se transforma, y eso es precisamente lo que tiene la capacidad de cambiar aquello que nos ocurre. Cuando fluimos, estamos «curvando la realidad»; es decir, se genera, se crea, una nueva realidad.

Si la mente ligada al hemisferio izquierdo ha introducido un patrón de tensión muscular generalizada ante una situación difícil —lo que llamamos *candado neuromuscular* o *coraza muscular*—, en el Camino del Héroe aprenderemos a hacer que nuestro cuerpo reaccione de una forma completamente diferente: en lugar de tensión muscular súbita y generalizada, relajación muscular progresiva, desde la cara hasta los pies. En lugar de cuerpo encogido, cuerpo expandido, abierto, erguido. En lugar de mirada baja, mirada hacia adelante y ligeramente elevada.

La mente ligada al hemisferio izquierdo ha desconectado, se ha disociado por completo de la inteligencia somática y de los recursos que esta tiene. Es curioso, porque la tensión muscular intensa tan característica de la percepción de amenaza se asocia a una hiperactividad en el sistema nervioso simpático. Esta hiperactividad consume mucha energía, altera el funcionamiento del primer cerebro (cerebro intracraneal), del segundo cerebro (aparato digestivo), del tercer cerebro (corazón), del cuarto cerebro (sistema muscular) y del quinto cerebro (celular). Ya podemos imaginar hasta qué punto esto dificulta que podamos hacer frente con éxito a desafíos complejos.

7
El *Hara*, el eje cerebro-intestino y el alma del microcosmos

Si no tenemos tiempo para nuestra salud, tendremos que hacer tiempo para la enfermedad

Cuando se habla de la personalidad, casi nunca se piensa en el aparato digestivo. Da la sensación de que la personalidad tiene más que ver con la cabeza que con las tripas. Pero ¿y si esto no fuera así? ¿Y si nuestro aparato digestivo, y lo que contiene, influyera directamente en nuestra personalidad, en nuestra forma de pensar, de percibir la realidad, de sentir, de actuar y de relacionarnos? Hace unos cuantos años, cuando yo era un estudiante de Medicina, esto se habría considerado absurdo y habría dado lugar a todo tipo de críticas, incluso por gran parte de los profesionales de la salud. Sin embargo, numerosas y sofisticadas investigaciones realizadas en los últimos años han llevado a sorprendentes descubrimientos que han roto por completo el paradigma existente, la visión que se tenía hasta el momento, y nos han permitido ver cosas que hasta hace bien poco permanecían ocultas para la ciencia.

Michael D. Gershon, jefe de Gastroenterología en la Universidad de Columbia, en Nueva York, fue el primer científico que mostró de una manera clara y contundente que el tubo digestivo llevaba a cabo tareas que hasta entonces habían pasado desapercibidas. El aparato digestivo era visto como el responsable de procesar los alimentos para obtener los nutrientes necesarios y conseguir la energía que permite al organismo realizar sus funciones vitales. Lo que nadie sospechaba era que «más allá del ombligo» existía un auténtico cerebro, un segundo cerebro, como Gershon lo bautizó, capaz incluso de dar órdenes al primero, que es el que se encuentra en el interior de la cavidad craneal. El sistema nervioso entérico, o segundo cerebro, posee varios cientos de millones de neuronas, más incluso que las que hay en la médula espinal.

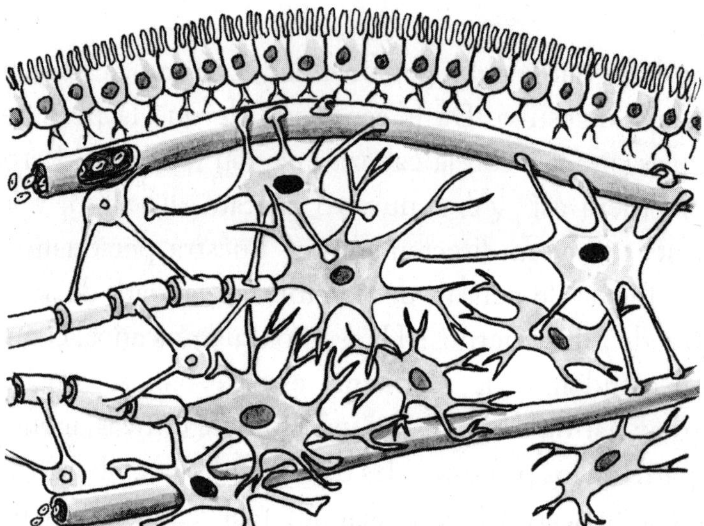

Sistema nervioso entérico

La microbiota

El cerebro intracraneal y el cerebro digestivo, o cerebro entérico, están en constante comunicación gracias a una serie de nervios y mediadores químicos que viajan por la sangre. Sin embargo, esta comunicación afecta a otros dos importantes sistemas que están también localizados en el aparato digestivo: el sistema inmune y la microbiota.

La microbiota es el conjunto de microorganismos —fundamentalmente, bacterias— que habitan en la luz, en la parte hueca del tubo digestivo, formado por el esófago, el estómago, el intestino delgado, el intestino grueso y el recto. Se trata de un verdadero ecosistema bacteriano que mantiene un delicado equilibrio. La ruptura de este equilibrio tiene un efecto muy negativo en el conjunto del organismo, hasta el punto de que se encuentra en la génesis de la mayor parte de las enfermedades.

Para que nos hagamos una idea de las dimensiones que tiene la microbiota, hay diez veces más bacterias en el esófago, el estómago, el intestino delgado y el intestino grueso (también denominado colon) que células en nuestro organismo. Se

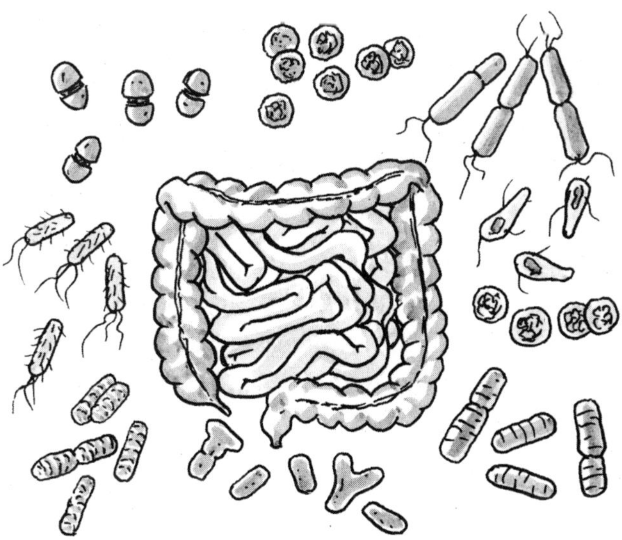

Microbiota

calcula que el cuerpo humano está compuesto, aproximadamente, por sesenta trillones de células, por eso el número de bacterias hospedadas en nuestro tubo digestivo es sencillamente abrumador.

Las bacterias que componen la microbiota tienen al menos cien veces más genes que los que poseen nuestras células. Dado que el ADN contenido en las células tiene, a su vez, unos veintidós mil genes, la microbiota tendría más de dos millones de genes, que son muy distintos en unas personas y en otras. Esto es algo que llama la atención, ya que los seres humanos compartimos el 99 % de los genes. Sin embargo, los microbios que tenemos las personas solo comparten el 10 % de los genes, si bien hay algunos grupos de investigación que sí están encontrando similitudes entre diversos grupos étnicos, es decir, que, por ejemplo, individuos de la raza caucásica sí comparten más genes similares entre sus bacterias.

El peso total de la microbiota es de unos mil doscientos gramos, un peso semejante al que tiene nuestro cerebro. La microbiota sería como un microcosmos que está dentro de un macrocosmos, que es nuestro cuerpo, con el que mantiene una más que estrecha comunicación. Ese microcosmos produce más de medio millón de moléculas diferentes, algunas de las cuales no solo se utilizan para obtener energía, sino que, como el ácido butírico, sirven para reducir la posibilidad de que una célula del colon que experimente una mutación acabe convirtiéndose en una célula cancerosa. El ácido butírico hace que estas células con potencial de «malignización» se autodestruyan.

Asimismo, las moléculas que fabrica la microbiota permiten que los microorganismos que hay en ella se comuniquen entre sí, con el aparato digestivo que las aloja, con el sistema inmune asociado al tubo digestivo, con el cerebro intracraneal y con otras células que se encuentran a gran distancia. Entre estas células destacan los adipocitos, encargados de acumular grasa. Cuando los adipocitos que rodean las vísceras abdominales acumulan grasa en exceso, no solo aparece un cuadro de obesidad, sino que empiezan a liberar sustancias tóxicas capaces de producir un proceso inflamatorio crónico de baja intensidad y dañar sistemas como el cardiovascular. Tengamos en cuenta que un porcentaje muy importante de las moléculas que circulan en la sangre son moléculas fabricadas por la microbiota que después penetran, a través de la pared intestinal, en el torrente sanguíneo.

Como decimos, la microbiota tiene la capacidad de influir en el funcionamiento del tubo digestivo y del sistema inmune asociado a él, así como en el cerebro intracraneal y en muchos otros órganos del cuerpo, lo que la convierte en un elemento esencial de nuestro organismo que influye en cómo pensamos, cómo nos sentimos y cómo estamos de salud.

Además, la microbiota tiene una enorme importancia en los niveles de energía y vitalidad, ya que es responsable de proporcionarnos el 30 % de las calorías que consumimos. Las bacterias que forman la microbiota utilizan una parte de lo que no digerimos para obtener su propia energía y, a cambio, nos dan ese suplemento de energía calórica que de otra manera nuestro cuerpo sería incapaz de generar.

La microbiota produce vitaminas que son esenciales para que nuestras células funcionen adecuadamente, al mismo tiempo que elimina microorganismos y productos tóxicos que llegan a la luz del tubo digestivo, impidiendo que se extiendan por el organismo.

Una de las bacterias más importantes de la microbiota es la *Akkermansia muciniphila.* Este humilde microorganismo favorece que la mucosa del intestino, que está en contacto con la parte hueca, esté cubierta de una gruesa capa de moco que, como una barrera, impide la entrada de productos tóxicos en nuestra sangre. Cuando carecemos de esta bacteria, las células caliciformes del intestino producen menos moco protector, lo que favorece la aparición del llamado «intestino poroso» o «intestino permeable». Este daño en la barrera protectora permite la entrada de gérmenes y productos tóxicos en el organismo, y eso puede activar el sistema inmune asociado al tubo digestivo y dar lugar a una reacción inflamatoria que no se queda en el aparato digestivo, sino que puede extenderse a otros lugares del cuerpo, como, por ejemplo, el cerebro intracraneal, produciendo una inflamación en el cerebro que podría ir asociada tanto a cuadros de ansiedad como de depresión.

¿Qué altera la microbiota?

Las denominadas «dietas proinflamatorias» favorecen el desarrollo del intestino permeable, ya que son muy pobres en vegetales y fibra, y ricas en grasas saturadas, azúcares y otras sustancias que se encuentran con frecuencia en los alimentos altamente procesados. En resumen: estas dietas dañan de una forma muy severa la microbiota en general y la *Akkermansia muciniphila* en particular, y desencadena cuadros inflamantorios de diversa gravedad. Asimismo, favorecen el desarrollo de un grupo de gérmenes, denominados *firmicutes,* que son capaces de generar una gran toxicidad y un proceso inflamatorio crónico de bajo grado que parece estar en el origen de un gran número de enfermedades.

Pero no solo es la dieta proinflamatoria la que altera el equilibrio de la microbiota, sino que también lo hace el estrés crónico, o distrés, que tiene un efecto negativo en el tubo diges-

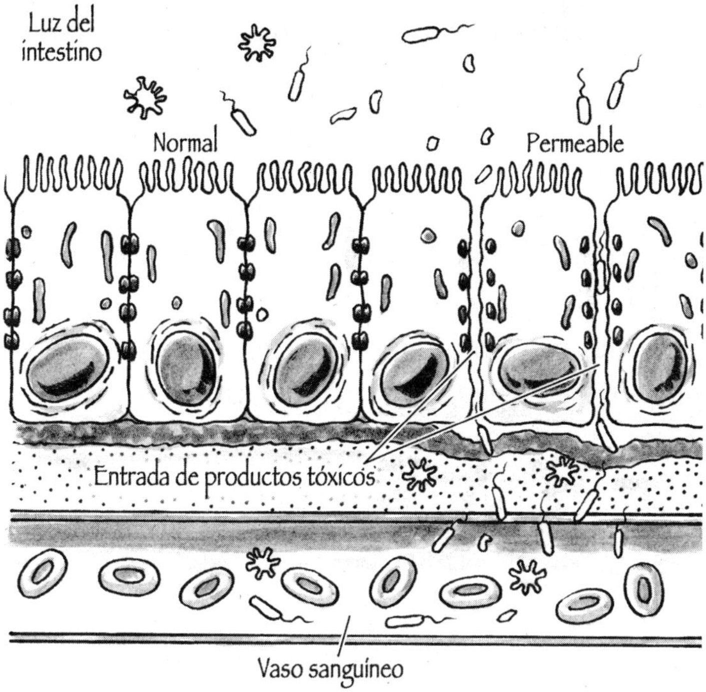

Intestino poroso

tivo al favorecer la aparición de un intestino poroso por reducción de la barrera de moco. Esta porosidad se convierte en una fuente de toxicidad.

Imaginemos una ciudad medieval amurallada con su correspondiente puente levadizo. El puente solo se bajaría para que puedan entrar en la fortaleza aquellas personas que tienen una relación amistosa con los habitantes de la ciudad. Por ese mismo puente levadizo entrarían también alimentos y otros productos necesarios para que los habitantes realicen sus tareas cotidianas.

Ahora imaginemos un ejército hostil atacando a la ciudad. Para poder penetrar en ella, las fuerzas enemigas utilizarán catapultas con las que lanzar grandes piedras contra las murallas. Mediante los boquetes que se abren, las tropas enemigas pueden atravesar lo que antes eran sólidos muros y herir y matar a los habitantes de la ciudad.

El intestino poroso sería como una pared intestinal en la que se han abierto unos boquetes a través de los cuales penetran gérmenes patógenos y productos tóxicos que generan un determinado «envenenamiento» en el cuerpo. Actualmente, numerosos neurólogos piensan que el autismo, un cuadro cuyas cifras no paran de aumentar, estaría ocasionado inicialmente no por problemas intrínsicamente cerebrales, sino por la llegada de productos tóxicos al cerebro, que serían los verdaderos causantes de las características propias de ese trastorno.

Al desarrollo de un intestino permeable o poroso se atribuye la causa de la epidemia de cuadros alérgicos que se está produciendo en el mundo desarrollado. Por otra parte, el estrés crónico, o distrés, tan extendido en nuestra cultura, además de favorecer la aparición de un intestino permeable, altera el funcionamiento de las células de Paneth, unas células intestinales que producen sustancias antimicrobianas que destruyen organismos patógenos capaces de causar enfermedades. Por si esto fuera poco, el distrés desencadena alteraciones muy importantes en el funcionamiento armónico del tubo digestivo, lo que dificulta la progresión correcta de los alimentos y la absorción adecuada de los nutrientes. El estrés crónico también produce una alteración en la regulación del sistema inmune asociado al tubo digestivo, favoreciendo que se produzca ese cuadro de inflamación crónica de bajo grado del que ya hemos hablado.

Durante el distrés se activa una parte del sistema nervioso conocido como sistema nervioso simpático, que libera un neurotransmisor, la noradrenalina, en el tubo digestivo que penetra en la luz del mismo, provocando un gran impacto en la microbiota. La noradrenalina puede activar genes en diversas bacterias presentes en la microbiota, transformándolas en enemigas, que dejan de ayudar al organismo y se vuelven contra él.

Actualmente, la obesidad alcanza proporciones epidémicas en muchos países desarrollados. Da la sensación de que se le da solo una importancia estética, en lugar de entender que el sobrepeso se relaciona con frecuencia con una alteración de esa barrera que nos protege frente a gérmenes nocivos y sustancias tóxicas que están presentes en la luz del aparato digestivo. Si bien es cierto que el factor más importante en el desarrollo de un cuadro de obesidad es una pobre nutrición, la microbiota alterada por una mala alimentación desempeña un papel muy importante en la acumulación de grasa en el cuerpo.

Resultan sorprendentes los experimentos que demuestran, como ya hemos visto, que las bacterias de la microbiota son capaces de interactuar con genes que se encuentran en ciertas células del organismo, como las adiposas. Estos genes bacterianos pueden activar o desactivar genes en los adipocitos para que acumulen más o menos grasa y, por consiguiente, para que sea más o menos difícil tener sobrepeso. Por eso, cuando hablamos, por una parte, del impacto de una pobre alimentación en la obesidad y, por otra, del producido por la microbiota, no hemos de verlos como causas independientes, sino como elementos profundamente interrelacionados.

Como ya hemos adelantado, una alimentación rica en azúcares y grasas saturadas y pobre en fibras, vitaminas y minerales —lo que se conoce como dieta proinflamatoria— altera la microbiota. Esta alteración da lugar a la liberación de una serie de sustancias neuroactivas que llegan por la sangre al cerebro, aumentando nuestra apetencia por esos alimentos hipercalóricos de mínimo valor nutricional. Al igual que una persona muy estresada puede comportarse de manera irracional e incluso agresiva, una dieta proinflamatoria «estresa» a nuestra microbiota, y esto tiene el impacto que hemos visto.

Educar el sistema inmune

La microbiota recibe información del cerebro intracraneal y del cerebro entérico y, a su vez, les envía información a ambos y al sistema inmune. De hecho, son las bacterias de la microbiota las que «educan» al sistema inmune asociado al aparato digestivo para que sepa qué sustancias y qué gérmenes quc entran en el intestino son peligrosos y cuáles no. Esto tiene lugar en las «placas de Peyer», situadas en los últimos tramos del intestino delgado. Imaginemos un instructor militar adiestrando a una serie de jóvenes soldados para que sepan distinguir las armaduras de sus enemigos de las de sus aliados. Estos soldados defenderán su territorio cuando vean que pretenden entrar los enemigos, pero dejarán pasar sin dificultad a los aliados. La importancia del sistema inmune, de ese «ejército» que debe defendernos frente a ciertos tipos de bacterias, virus y hongos causantes de diversas enfermedades, y que, además, es el responsable de atacar a esos tumores que se generan de vez en cuando en nuestro organismo, es, obviamente, extraordinaria.

La reacción de ese «ejército» que nos protege puede ser adecuada al ataque o excesiva. Cuando es excesiva, es posible que lleguen a morir células que son completamente normales. Por eso, mantener dicha reacción ajustada en intensidad, duración y localización es esencial. Sin embargo, esto no es nada fácil y con frecuencia vemos lo que se denomina un «cuadro de

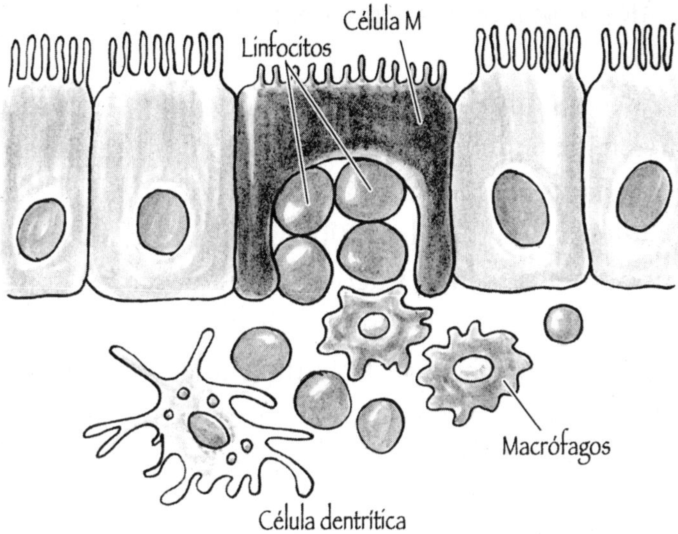

Sistema inmune asociado al sistema digestivo

inflamación crónica de bajo grado», que indica que el «ejército» —nuestro sistema inmune—, si bien ha sido activado por un enemigo real, se ha «pasado de la raya» y está atacando a «los suyos».

Cualquier reacción inflamatoria en el organismo depende del sistema inmune, y, fundamentalmente, de dos tipos de células: los macrófagos y los linfocitos T, que interactúan entre sí. En un proceso inflamatorio crónico hay dos elementos clave que están siempre presentes. Por una parte, un daño celular y tisular, causado por agentes infecciosos o elementos tóxicos, y, por otra, un intento de reparación celular con incremento de la proliferación vascular y con fibrosis. La proliferación vascular equivaldría a la creación de nuevas «carreteras» para llevar agentes reparadores al lugar de la lesión. La fibrosis buscaría, por una parte, cicatrizar los tejidos dañados y, por otra, establecer una barrera para que los agentes infecciosos no se extiendan a otros lugares del cuerpo. Los propios macrófagos pueden desempeñar una función proinflamatoria o antiinflamatoria.

Por eso, y como ya hemos señalado, que esta reacción sea la adecuada en intensidad, localización y duración es esencial para reparar cualquier daño que hayan sufrido los tejidos por una infección o por algún tipo de lesión, y, a su vez, para evitar que células sanas puedan resultar dañadas por ese mismo sistema inmune. Así, uno de los elementos más importantes en la inflamación es la autorregulación, que permite controlar que dicha reacción esté ajustada al tipo de lesión. Sin embargo, la autorregulación en muchos casos falla, y ello aumenta el daño de los tejidos. No podemos olvidar que las sustancias que liberan este tipo de células inmunes no solo pueden destruir los agentes infecciosos, sino también células sanas del organismo. De hecho, en una muestra de sangre en el laboratorio se puede medir si hay una elevación de dos sustancias, la proteína C reactiva y la interleuquina 6, las cuales apuntarían a la existencia de un proceso inflamatorio crónico, que es, como veremos a continuación, muy perjudicial para nuestro organismo.

La inflamación crónica no solo está detrás de la aparición de tumores malignos o de la patología cardiovascular, sino que puede estar en el origen de enfermedades degenerativas, como el párkinson, la esquizofrenia, la esclerosis múltiple o la enfermedad de Alzheimer. Además, y como ya hemos comentado, tanto en los cuadros de ansiedad como en los de depresión, se ha detectado inflamación crónica de bajo grado en el cerebro. La falta de ejercicio físico aeróbico y la ingesta de productos altamente procesados —dieta proinflamatoria— también favorecen el desarrollo de un cuadro de inflamación crónica. Por eso, el ejercicio aeróbico y una ingesta abundante de hojas verdes, aguacates, semillas como la chía, el jengibre, el ajo, los frutos del bosque y la cúrcuma reducen la respuesta inflamatoria.

La respuesta inflamatoria crónica está también asociada a la hiperactividad del sistema nervioso simpático y, por consiguiente, a las situaciones de estrés crónico o distrés. Ya hemos visto cómo el estrés crónico daña la pared intestinal y convierte a algunas de las bacterias que forman parte de la microbiota en enemigas. Por si esto fuera poco, el mantenimiento de un cuadro de inflamación crónica consume una gran cantidad de energía que no puede ser empleada en otras funciones importantes, como, por ejemplo, la reparación y renovación de los tejidos.

Cualquier daño en la barrera intestinal favorece la entrada de productos tóxicos en el organismo, lo que podría dar lugar a una reacción inflamatoria de baja intensidad. Por eso, se calcula que cerca del 90 % de las enfermedades que padecemos están asociadas de alguna u otra manera con la salud de la microbiota.

Resumiendo: las causas de la inflamación crónica de bajo grado son las siguientes:

1. Dieta proinflamatoria: azúcar, carbohidratos simples, grasas saturadas, algunos aceites y una pobre relación omega 3/omega 6.
2. Ausencia de balance en la flora intestinal, en la microbiota, lo que se conoce como *disbiosis intestinal.*
3. Sensibilidad al gluten.
4. Consumo de tabaco y alcohol.
5. Estrés crónico o distrés.
6. Insomnio.
7. Resistencia a la insulina y síndrome metabólico.

Todos estos factores, al afectar a la microbiota, también impactan en el sistema inmune asociado al aparato digestivo, que empieza a liberar citoquinas proinflamatorias que dañan a las células de nuestro propio organismo.

Actualmente, se le da una importancia extraordinaria a la inflamación crónica de bajo grado por la enorme repercusión que tiene en la salud de todos nuestros órganos y sistemas. Como botón de muestra señalaremos los siguientes:

Sistema cardiovascular

Por sí solo, el colesterol LDL elevado no explica ni la arterioesclerosis ni los infartos, ya que la mitad de estos no están asociados a un aumento de este tipo de colesterol. Por eso parece claro que se trata de un proceso multifactorial en el que la inflamación crónica desempeña un papel importante al estar asociada a la oxidación de ciertas grasas que se adhieren a la pared vascular.

Cáncer

La activación crónica del sistema inmune debida a distintos agentes puede producir un impacto en el ADN a través de un mecanismo epigenético, favoreciendo la expresión de genes que pueden hacer que la célula experimente una mutación y se convierta en lo que se conoce como «célula renegada», la cual, al reproducirse a una velocidad vertiginosa, si el sistema inmune no la localiza y la destruye, puede dar lugar a un cáncer.

Diabetes

Las personas con niveles elevados de proteína C reactiva e interleuquina 6, que son sustancias asociadas a la inflamación, tienen más posibilidades de desarrollar diabetes, porque dicha inflamación provoca que las células se hagan resistentes a la insulina. Una mejora en la microbiota puede evitar que una persona desarrolle resistencia a la insulina. Esta resistencia no se descubre por la detección de niveles elevados de glucosa, sino porque se necesita duplicar o triplicar las cantidades de insulina para mantener los niveles adecuados de glucosa en sangre.

Imaginemos que dos personas ingieren una comida rica en carbohidratos y después se les extrae una muestra de sangre. Si se mide solo la glucosa, aparecerá con valores normales. Sin embargo, si se miden los niveles de insulina, se podrá comprobar que, en la persona con resistencia a la insulina, son dos o tres veces superiores a los niveles normales. Esto significa que, como las células han desarrollado una resistencia a la insulina, el páncreas tiene que trabajar el doble o el triple para obligar a las células a incorporar el exceso de glucosa. La resistencia a la insulina es una condición prediabética que con el tiempo puede dar lugar a una diabetes del tipo 2.

Patología neurológica

Tanto en la enfermedad de Alzheimer como en la ansiedad y la depresión se ha detectado un aumento de los marcadores inflamatorios en la sangre que se corresponde con la constatación de que en estos cuadros clínicos existe una inflamación cerebral.

DOS CEREBROS QUE SE COMUNICAN

Hay un nervio, denominado «nervio vago» o «X par craneal», que constituye una de las «autopistas de comunicación» más importantes que hay entre el cerebro intracraneal, el cerebro entérico, el sistema inmune y la microbiota. Si bien el 80 % de los «carriles» de esa «autopista» está ocupado por información que se transmite del sistema inmune, del cerebro entérico y de la microbiota al cerebro intracraneal, el otro 20 % de los «carriles» se utiliza para mandar información del cerebro intracraneal —o primer cerebro— al cerebro entérico —o segundo cerebro—, al sistema inmune y a la microbiota. Por eso, una comunicación inadecuada entre el cerebro intracraneal y la microbiota mediante el nervio vago tiene consecuencias muy negativas en el funcionamiento de la última.

Sin esta comunicación el tubo digestivo no puede moverse adecuadamente ni absorber los nutrientes de una forma normal. Esta falta de comunicación descendente a través del nervio vago tiene también un impacto en las células del sistema inmune que están localizadas en la pared del intestino, así como en la propia microbiota, ya que el nervio vago también sirve para que el cerebro intracraneal «hable» con las bacterias que viven en el interior del tubo digestivo.

Por tanto, aquellos abordajes que favorezcan un mejor funcionamiento del nervio vago van a mejorar la comunicación entre el cerebro intracraneal y la microbiota. El *mindfulness* es uno de estos abordajes, como lo son también el ejército físico, el descanso nocturno, las relaciones de afecto y una dieta adecuada.

La dieta que se consume en la actualidad, compuesta de alimentos altamente procesados y carentes de fibra, está en la etiología, en el origen, de muchas enfermedades que aparente-

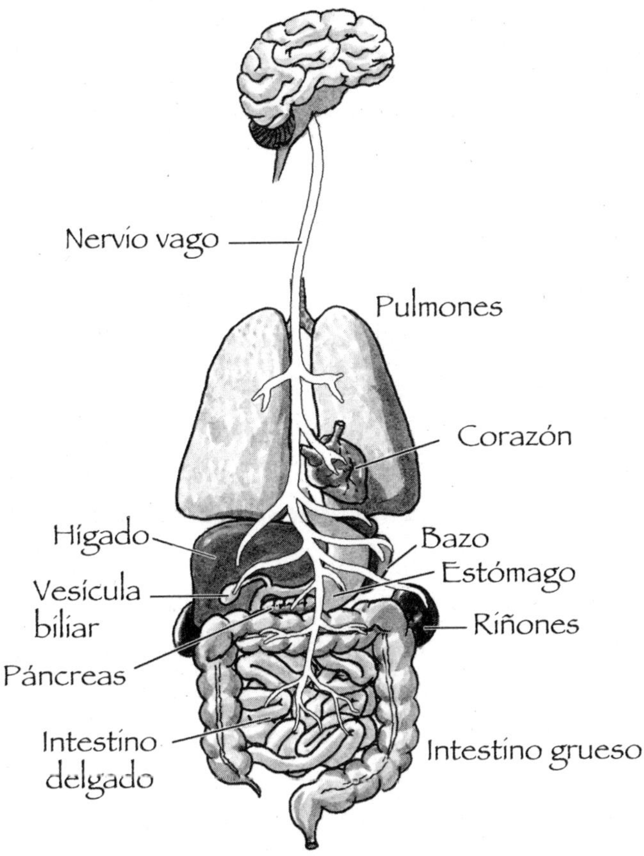

mente no tienen nada en común, como el asma, la artritis, el autismo, las cardiopatías o la depresión.

Esta conexión cerebro-intestino-sistema inmune-microbiota tiene un gran impacto en el proceso inflamatorio, ya que la estimulación del nervio vago (activación vagal) reduce la inflamación, mientras que el exceso de activación del sistema nervioso simpático, característica de las situaciones de estrés físico y psicológico, la aumenta. La meditación estimula la activación vagal. De hecho, sus efectos beneficiosos no solo se pueden notar en dolencias como los trastornos digestivos, sino también en enfermedades como la ansiedad y la depresión.

Ya hemos visto que la respuesta inflamatoria debe autorregularse y, cuando esta autorregulación no es adecuada, se produce un daño tisular mediado por citoquinas proinflamatorias. La autorregulación de la respuesta inflamatoria tiene lugar a través del neurotransmisor que utiliza el nervio vago, la acetilcolina. Esta interactúa con los linfocitos T del bazo, determinando la producción de citoquinas antiinflamatorias, las cuales, como su nombre indica, reducen la inflamación. Así, pues, es precisamente el nervio vago el que de alguna manera actúa como un freno para evitar que nuestro sistema inmune, nuestro «ejército», ataque lo que no tiene que atacar, que son los tejidos sanos de nuestro organismo.

Para entender mejor de qué forma interactúan el cerebro intracraneal, el cerebro entérico, el sistema inmune y la microbiota, emplearé una analogía con el lenguaje humano.

Los seres humanos, cuando hablamos, utilizamos una serie de palabras comunes para poder entendernos. Al referirnos al «lenguaje» que utilizan el primer cerebro, el segundo cerebro, el sistema inmune y la microbiota, debemos distinguir dos tipos fundamentales de «palabras», que en sentido estricto serían los neurotransmisores y las citoquinas. Estas últimas son las hormonas que regulan el funcionamiento del sistema inmune, favoreciendo la comunicación entre los distintos tipos de células que intervienen en la reacción inflamatoria. Sin embargo, además de las células del sistema inmune, las propias neuronas y la microbiota pueden segregar citoquinas, lo que da lugar a un lenguaje común que todos pueden entender.

Hay citoquinas de múltiples tipos con efectos proinflamatorios y antiinflamatorios. Citoquinas como el interferón son especialmente importantes para activar genes en las células que se oponen a la invasión por parte de los virus, y también ayudan al sistema inmune a combatir tumores.

Como hemos dicho, tanto las neuronas del primer cerebro como las del segundo, las células del sistema inmune y la microbiota, pueden usar para comunicarse el mismo tipo de neurotransmisores y citoquinas, de manera que lo que unos dicen lo entienden los otros.

La importancia de la serotonina

Entre los neurotransmisores que desempeñan un papel más importante en esta comunicación a cuatro bandas (primer cerebro, segundo cerebro, sistema inmune y microbiota) destaca la serotonina.

Si seguimos utilizando la analogía del lenguaje humano y nos detenemos ahora a explorar una curiosa dimensión de nuestro lenguaje, que es la interpretación de las palabras según el contexto, nos daremos cuenta de que hay palabras en el mundo hispano-latino que significan una cosa en un lugar y otra muy diferente en otro. En España, por ejemplo, la palabra «cuadra» hace referencia al lugar en el que se guardan los caballos, mientras que en muchos países latinos hace referencia a la distancia que existe entre una serie de edificios. Por eso, cuando preguntas en uno de estos países hermanos por la distancia a la que está algo, es muy habitual que te digan: «Está a dos cuadras de aquí».

En el cerebro intracraneal y en el cerebro entérico, la misma «palabra», el mismo neurotransmisor o la misma citoquina pueden significar cosas distintas y, por tanto, producir un efecto diferente. Esto sucede, por ejemplo, con la serotonina, que en el cerebro intracraneal influye en la regulación del estado de ánimo, favoreciendo una visión más positiva de la vida, mientras que esa misma serotonina, cuando se libera en el tubo digestivo, favorece, por una parte, la regulación del movimiento intestinal que permite el progreso de los alimentos a través del intestino y, por otra, la regulación del sistema inmune asociado al tubo digestivo. Esto es de una importancia extraordinaria, ya que el 80 % de ese sistema inmune que nos ha de proteger frente a las bacterias, los virus y los hongos nocivos, así como frente a los tumores, se encuentra localizado precisamente en diversas partes del aparato digestivo.

Esta concentración de nuestro «ejército celular» en el aparato digestivo no nos ha de extrañar, ya que la mayor parte de los agentes patológicos capaces de causar enfermedades no entran por la piel, por la nariz o por la boca, sino por el tubo digestivo. El intestino es la superficie más expuesta del cuerpo, ya que, mientras la piel tiene una extensión de dos metros cuadrados, la superficie del intestino equivale a dos canchas de tenis unidas, es decir, unos trescientos ochenta metros cuadrados. Por eso, el sistema inmune, si bien está presente debajo de todas las mucosas (respiratoria, bucal, vaginal, anal...), donde lo está especialmente es en el tubo digestivo.

Regresando a la serotonina, es sorprendente saber que entre el 90 % y el 95 % de esta sustancia es producida en el tubo digestivo, lo que lo convierte en la «fábrica» más importante para elaborar esta «palabra» fundamental en el lenguaje del cuerpo.

Una de las cosas más fascinantes que se han descubierto, sobre todo por científicos como el médico francés Michel Neunlist, es que, si bien el cerebro intracraneal recibe cierta cantidad de serotonina a partir de los núcleos del rafe, situados en el tronco del encéfalo, la mayor parte de esa serotonina que llega al cerebro, sobre todo a áreas muy importantes a nivel afectivo, como el hipotálamo, proviene del tubo digestivo y llega a través de la sangre, atravesando la denominada barrera hematoencefálica. El hipotálamo, una estructura cerebral pequeña, pero de enorme importancia, está en estrecha conexión anatómica y funcional con la hipófisis, la glándula de secreción interna más importante del cuerpo, ya que regula, a través de sus hormonas, funciones tan importantes como la reacción de estrés, la reproducción o el metabolismo.

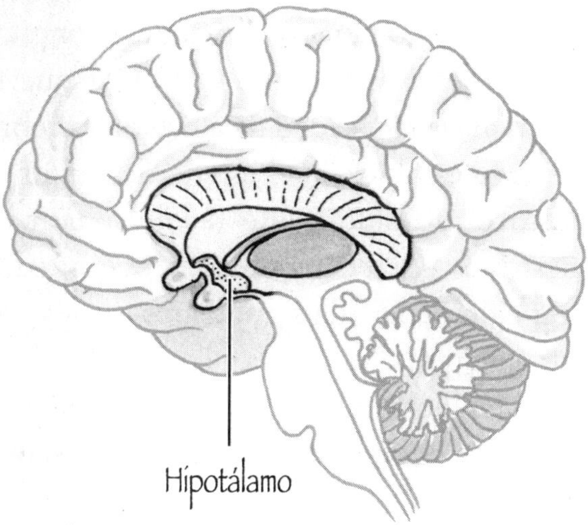

Sistema límbico

La microbiota desempeña un papel de enorme importancia para que llegue una cantidad adecuada de serotonina al cerebro intracraneal, ya que regula las células enterocromafines o células de Kulchitsky. Estas células forman parte del revestimiento del tubo digestivo desde la boca hasta el ano y sintetizan, almacenan y secretan serotonina. El hecho de que la serotonina tenga un efecto tan imponente a nivel cerebral, asociándose, entre otras cosas, a la sensación de bienestar, a la regulación del dolor, al apetito y al sueño, permite entender por qué la microbiota tiene un impacto tan marcado en el estado de ánimo de una persona. Por otro lado, el cerebro, mediante los nervios que llegan al tubo digestivo, puede hacer que las células enterocromafines liberen serotonina en la luz de ese mismo tubo digestivo, que es donde está la microbiota regulando su función.

Todos somos conscientes de que cuando estamos estresados lo notamos rápidamente en el tubo digestivo, ya sea en forma de molestias abdominales o por alteraciones del tránsito intestinal. Lo que es más novedoso es saber que también el tubo digestivo tiene la capacidad de afectar al cerebro intracraneal, produciendo cambios en el estado de ánimo y en la personalidad. Esto es absolutamente revolucionario, porque lo que nos muestra es que el cerebro entérico puede influir en nuestra percepción de la vida sin que nos demos cuenta. Imaginemos hasta qué punto esto choca con el modelo tradicional asumido por la medicina occidental, que atribuye los estados de ánimo a algo que se origina exclusivamente en nuestro cerebro intracraneal.

Lo que la investigación muestra es que esa variabilidad en los estados de ánimo puede tener un origen en el aparato digestivo y en el tipo de mensajes que envía al cerebro intracraneal. Esto me trae a la memoria las imágenes de Buda que hay en Oriente, en las que se le ve no en estado de quietud, sino muy sonriente y con una imponente tripa. Tal vez el mensaje que quieren transmitirnos estas imágenes es que hay algo en el abdomen que afecta a nuestro estado de ánimo.

El doctor Bo Zhiyun, uno de los máximos expertos mundiales en medicina tradicional china, ha descubierto un tipo de acupuntura en el que las agujas se colocan alrededor del ombligo. Lo sorprendente es que Zhiyun ha comprobado mejoras en la situación emocional de sus pacientes, así como mejoras cognitivas que eran totalmente insospechadas. Por si fuera poco, y según sus investigaciones, se ha producido la remisión de algunos tipos de enfermedades neurodegenerativas. En colaboración con Zhiyun, el doctor Bo Liu, neurorradiólogo del hospital MTC de Cantón, ha podido comprobar que esta «acupuntura abdominal» produce cambios significativos en regiones cerebrales muy conectadas tanto con el mundo intelectual como con el afectivo. Cada vez queda más clara la importancia de ese centro vital y energético que es el *Hara.*

Por todo ello, los problemas de comunicación entre los dos cerebros —el intracraneal y el entérico—, el sistema inmune y la microbiota pueden producir trastornos en el tubo digestivo, como el colon irritable, y en el cerebro intracraneal, causante de cuadros de ansiedad, depresión e incluso dolencias más graves, como el alzhéimer, el párkinson o la esclerosis múltiple.

El profesor Philippe Damicr, del Hospital Universitario de Nantes, ha estudiado que en la enfermedad de Parkinson, junto a la degeneración de neuronas dopaminérgicas en la denominada sustancia negra del mesencéfalo, se aprecia una degeneración de neuronas del cerebro entérico que puede preceder por muchos años a la degeneración que experimentan las neuronas dopaminérgicas del mesencéfalo. Por eso, en su hospital, se están empezando a hacer biopsias intestinales que sirvan para conocer con veinte años de antelación la posibilidad de que alguien sufra la enfermedad de Parkinson. Como dice el doctor Philippe Damier, el intestino se convierte así en una especie de «ventana» al cerebro.

Para los enfermos que padecen el cuadro clínico conocido como colon irritable, asociado a dolor abdominal, estreñimiento o diarrea, es muy frustrante que no les encuentren nada anómalo después de hacerles todo tipo de pruebas. Sin embargo, las molestias no son imaginarias. El médico alemán Michael Schemann considera que en estos pacientes las neuronas de su cerebro entérico tienen algún tipo de trastorno que las vuelve hiperactivas y que altera la comunicación con el cerebro intracraneal. Parece probable que esta hiperactividad de las neuronas del tubo digestivo esté causada por un cuadro de estrés sostenido en el tiempo.

Cuando yo ejercía mi especialidad como cirujano general y del aparato digestivo, me impresionaba la cantidad de personas que venían a mi consulta con molestias digestivas importantes asociadas a trastornos del tránsito intestinal y que finalmente, al no encontrar ninguna patología, recibían el diagnóstico de colon irritable. La frecuencia con la que se da este trastorno no ha de extrañarnos si tenemos en cuenta los niveles de estrés que padecemos, sobre todo si vivimos en una gran ciudad.

Se calcula que tan solo en Europa el 10 % de la población padece colon irritable. Estamos hablando de la cifra escalofriante de ochenta y cinco millones de personas, de las cuales más del 25 % tienen asociado un cuadro de ansiedad o depresión. De nuevo vemos la conexión entre el tubo digestivo y el cerebro intracraneal. ¿Qué es antes, el huevo o la gallina? ¿Estos enfermos están deprimidos porque su vida se encuentra muy limitada por su colon irritable, o su estrés es el causante del colon irritable? Yo diría que se trata de un círculo vicioso que se retroalimenta continuamente y del que solo se puede salir actuando a distintos niveles: el cuerpo, la mente y el alma. Por eso, una parte de nuestro Camino del Héroe ha de pasar necesariamente por ese *Hara* que representa el cerebro entérico y la microbiota asociada a él.

Si, como sostenía la extraordinaria investigadora norteamericana Candace Pert, tenemos en cuenta que el cuerpo es el inconsciente, no ha de extrañarnos que el estrés sostenido, o distrés, y determinados traumas emocionales puedan «rastrearse» hasta el tubo digestivo, donde dejarían algún tipo de impronta. Por eso, la reducción del estrés nocivo mejora el funcionamiento de la microbiota y del cerebro entérico en su conjunto, favoreciendo un estado de ánimo más alegre, sereno y confiado.

Prácticas como el *mindfulness* y todo aquello que nos ayude a reconectar con nuestro Ser pueden ayudar en situaciones de estrés para poder procesar mejor estos contenidos que están encriptados en nuestros músculos, en nuestras vísceras, en nuestras células y en la expresión de nuestros genes.

Llegados a este punto, es importante recordar que las situaciones de estrés sostenido alteran profundamente la necesaria comunicación que ha de existir entre el cerebro intracraneal y el cerebro entérico.

Si repasamos lo que hasta ahora hemos visto en esta parte de nuestro Camino del Héroe, que transcurre a través de una conexión profunda con nuestro cuerpo, la microbiota puede considerarse, en su conjunto y por derecho propio, un órgano más del cuerpo, al ser responsable de:

1. La *regulación de la respuesta inflamatoria* para que sea la adecuada y no menor de la adecuada, lo que evitaría la lucha contra gérmenes patógenos, pero tampoco debe ser mayor de la adecuada, porque daría lugar al ataque del sistema inmune contra tejidos sanos del organismo, generando esta toxemia metabólica que está asociada a las enfermedades autoinmunes.

2. La *regulación de la permeabilidad intestinal* para que no penetren, a través de la barrera intestinal, productos tóxicos que puedan producir daño en lugares como el cerebro.
3. La *regulación del funcionamiento del cerebro y de los estados de ánimo,* afectando por esta razón a nuestra propia personalidad.

Respecto al último punto, los estudios en ratones llevados a cabo por el doctor Stephen M. Collins de la Universidad McMaster, en Canadá, han demostrado que, si se observa la conducta de ratones que han sido criados en un entorno estéril y carecen de microbiota, se verá que asumen riesgos y exhiben conductas que no son favorables para su supervivencia. Sin embargo, si a esos mismos ratones se les introduce en el tubo digestivo una determinada microbiota, empiezan a comportarse de una forma mucho más favorable a su supervivencia.

Otro experimento ha mostrado que intercambiar la microbiota en ratones que muestran una conducta muy diferente hace que se produzcan cambios en dicha conducta. El ratón que era tranquilo se vuelve agresivo cuando le introducen la microbiota de un tipo de ratón más agresivo. No cabe duda de que esa microbiota, a pesar de encontrarse físicamente en el tubo digestivo del ratón, está afectando de alguna manera al funcionamiento de su cerebro. Además, se han hecho estudios en los que se ha transferido material fecal de personas deprimidas a ratones. Estos ratones mostraron, tras el trasplante fecal, un cambio muy marcado en su conducta, revelando lo que parecía ser un cuadro de depresión. No cabe duda de que en este trasplante fecal había sustancias con capacidad de producir una depresión tanto en el ser humano como en el ratón.

En humanos, los trasplantes fecales, iniciados por el doctor Ben Eiseman, han mejorado de forma impresionante cuadros clínicos, como, por ejemplo, la colitis ulcerosa, una enfermedad en la que se producen úlceras y sangrado en el colon y en el recto. El origen de la colitis ulcerosa es desconocido, aunque se considera que posiblemente sea un tipo de enfermedad autoinmune. Curiosamente, aunque tras lo expuesto no ha de sorprendernos demasiado, la colitis ulcerosa también mejora muchísimo con un tratamiento psicoterapéutico enfocado a reducir los niveles de estrés y superar traumas pasados.

Investigadores del Centro para la Neurobiología del Estrés, en Los Ángeles, han hecho algunos curiosos experimentos sobre la microbiota. Tras administrar durante dos semanas unos probióticos (bacterias beneficiosas) a un grupo de sesenta personas sanas, pudieron observar que la reactividad frente a una serie de imágenes que transmitían miedo, asco o ira era menor que antes de que se les administrara. Los estudios con resonancia nuclear magnética —que registra la actividad cerebral— demostraron que en estas personas había una actividad menos intensa en la sustancia gris periacueductal, en la amígdala, en el cíngulo anterior y en la ínsula. Todas estas estructuras cerebrales tienen una excepcional importancia en lo que se refiere a nuestro mundo afectivo.

Se trata de estudios provisionales, pero no por ello dejan de ser valiosos y prometedores. También la dieta mediterránea, que es una dieta antiinflamatoria, se ha mostrado como una gran aliada en la salud mental, siendo utilizada con éxito en el tratamiento de cuadros depresivos.

El doctor Emeran Mayer, prestigioso miembro del Centro para la Neurobiología del Estrés, considera que las personas que vivimos en lo que se denomina «mundo desarrollado» hemos perdido una gran diversidad de bacterias en nuestra microbiota si nos comparamos, por ejemplo, con las tribus amazónicas

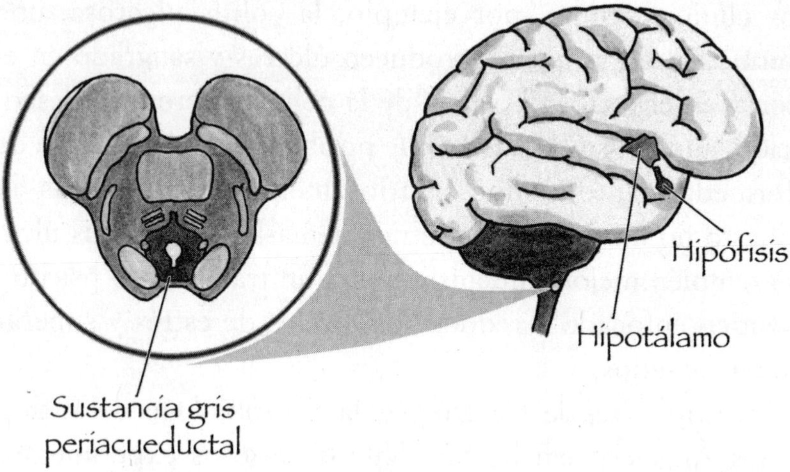

o con otras, como la tribu san, del desierto del Kalahari, en África. Esta conclusión tiene mucha más importancia de la que imaginamos, porque la diversidad de bacterias que tengamos en nuestra microbiota influye en gran medida en la calidad de esa microbiota. Las personas que viven en entornos urbanos no tienen menos bacterias que las que viven en granjas. Sin embargo, la diversidad es mucho menor y eso puede ser la causa de que las personas que viven en entornos rurales tengan menos cuadros de alergia o de asma que las que viven en ciudades sin apenas exposición a la naturaleza.

La cantidad de fibra que ingieren los miembros de estas tribus nativas es muy superior a la que ingieren los habitantes de las ciudades urbanas. Personas con escasa diversidad en su flora bacteriana y que han pasado unos meses con estas tribus han demostrado que el cambio de dieta se asocia a un aumento significativo en la diversidad de la microbiota y a mejoras en su cuadro clínico cuando dichas personas padecían una enfermedad.

La capacidad recuperadora y regeneradora del organismo es sorprendente, siempre que se permita que dicha capacidad se ponga en marcha. La microbiota parece tener, en este sentido, una enorme importancia, pues evita que padezcamos ciertas enfermedades y nos ayuda a recuperarnos cuando las padecemos. Nuestra medicina occidental es excepcional a la hora de tratar enfermedades agudas, como un infarto de miocardio, una apendicitis o una fractura ósea. Sin embargo, en las patologías crónicas, su eficacia terapéutica es más que discutible, porque no va al origen de la enfermedad ni a lo que la mantiene activa.

El padre de la medicina occidental, Hipócrates, ya nos decía que el origen de todas las enfermedades estaba en el aparato digestivo y que por eso la alimentación podía ser la mejor de las medicinas.

8
LO QUE PUEDE EMERGER DE LA POLARIDAD

Lo que se resiste persiste.
Lo que se abraza nos transforma

Cuando crucemos el segundo umbral del Camino del Héroe, estaremos entrando en un mundo de sorprendentes polaridades. Aquí nos vamos a encontrar con la principal energía negativa, que es el miedo, y con la principal energía positiva, que es el amor. Lo opuesto al amor no es el odio, sino el miedo. Lo que ocurre es que este puede expresarse de múltiples formas.

Si recordamos, la mente ligada al hemisferio cerebral izquierdo vive en un mundo de polaridades, el blanco y el negro, el frío y el calor, la luz y la oscuridad. Sin embargo, las polaridades que nos vamos a encontrar en esta nueva dimensión del mundo inconsciente son cualitativamente diferentes, porque, lejos de describir simplemente algo, nos hace experimentarlo con particular intensidad.

Cuando pasamos del mundo de la unidad al de la polaridad, es decir, cuando aquel «tapiz mágico» de la película *Brave* se desgarró, ambos lados del tapiz, el correspondiente a la mente del hemisferio cerebral izquierdo y el correspondiente a la mente del hemisferio derecho, perdieron su unidad. Por eso, tanto en una parte como en la otra, aunque sean diferentes, no vamos a encontrar unidad, sino polaridad. Sin embargo, y como veremos más adelante, el recuerdo de esa unidad perdida sí queda registrado en la mente ligada al hemisferio cerebral derecho, y es a través del poder del silencio, de la imaginación y de la revelación como se accede a ese recuerdo, a lo que representa y a aquello con lo que nos reconecta: nuestro verdadero linaje, nuestro verdadero origen.

En las polaridades que maneja el hemisferio izquierdo del cerebro, si, por ejemplo, al color blanco le añadimos su opuesto, el negro, sabemos que obtendremos un color gris. Este es una mezcla de blanco y negro, y por eso aquí no hay nada sorprendente. No solo es razonable, sino perfectamente predecible. Pero cuando se integran las polaridades que existen al nivel de la mente ligada al hemisferio derecho, se obtiene algo nuevo, sorprendente e impredecible. Una realidad diferente emerge y se genera en nosotros sorpresa, asombro y gratitud.

Vamos a detenernos un momento para aclarar esto, porque la diferencia es bastante sutil. Si yo le preguntara a alguien lo que resultaría si se integraran el odio y el amor o el miedo y el amor, posiblemente le costaría responder, porque da la sensación de que son como el agua y el aceite, realidades incompatibles que son imposibles de mezclar. Sin embargo, si existiera alguna posibilidad de que se unieran, tal vez se pueda considerar que el amor vencería y, por eso, desaparecerían tanto el odio como el miedo. Lo que nos cuesta entender es que ambos puedan mezclarse con el amor y que, en lugar de desaparecer, emerja algo nuevo e insospechado.

Cuando hablemos de las polaridades que maneja la mente ligada al hemisferio cerebral derecho, nos daremos cuenta de que, al integrar polaridades opuestas, como el odio o el miedo con el amor, lo que obtendremos será algo nuevo: sabiduría, creación, compasión, sanación y transformación. ¿De dónde ha emergido algo así? De la capacidad que tiene el verdadero amor, el amor incondicional, no ya de hacer desaparecer, sino de integrar tanto al odio como al miedo, y de crear, a partir de ello, otra realidad.

Hace años tuve la suerte de coincidir en un evento con el doctor Gerald Edelman, que ganó el Premio Nobel de Medicina en 1972 por sus estudios en relación con el sistema inmune. Cuando yo le conocí, estaba estudiando el funcionamiento de las redes nerviosas. El doctor Edelman nos explicó algo que puede servirnos para entender mejor lo que acabo de describir.

Si establecemos las condiciones adecuadas de presión y de temperatura para que una determinada cantidad de oxígeno y otra de hidrógeno reaccionen entre sí, lo que surge no es una mezcla de oxígeno e hidrógeno en la que podemos reconocer cuánto hay de uno y de otro. Lo que emerge es algo completamente nuevo: agua. En el agua no podemos distinguir ni el oxígeno ni el hidrógeno, ya que ninguna propiedad física o química del agua puede deducirse o predecirse de los gases de partida. A esto se le denomina *propiedades emergentes de la naturaleza.*

Esa es la diferencia de lo que ocurre entre las polaridades en la mente ligada al hemisferio cerebral izquierdo y las ligadas al hemisferio cerebral derecho. Al integrar polaridades en el hemisferio derecho del cerebro sí se produce este fenómeno de emergencia. Por eso, al integrar el amor incondicional con la ira y con el miedo, lo que se obtiene no es un poco más de amor y un poco menos de ira y de miedo, sino paz interior, serenidad, alegría, entusiasmo, confianza, sabiduría y compasión. Todo ello es la consecuencia de haber sanado nuestras heridas y de haber permitido que emerja una nueva realidad.

Aceptación y transformación

Vamos a pararnos ahora a explorar por qué en todo lo que está relacionado con el mundo afectivo el hemisferio derecho del cerebro tiene mucho más peso que el hemisferio izquierdo.

El hemisferio derecho del cerebro, el sistema límbico o cerebro emocional, y el cuerpo en su conjunto (músculos, vísceras y células), son la base estructural sobre la que se asienta el inconsciente. Por eso, aquellas imágenes y recuerdos afectivos que tenemos desde que nacemos hasta los cuatro años, aproximadamente, se almacenan de manera preferente en este nivel. A medida que cumplimos años y el hemisferio cerebral izquierdo se va desarrollando, las áreas del lenguaje también van madurando. Cuando se ha producido un determinado nivel de maduración en dichas áreas y empezamos a interpretar lo que nos sucede, ciertas cosas que nos han dicho de pequeños y que pueden haber sido dolorosas se registran en la región del sistema límbico, la parte emocional del cerebro, que se encuentra en conexión con el hemisferio cerebral izquierdo. Estructuras como la amígdala y el hipocampo del lado izquierdo guardan esos registros.

Cuando cruzamos el primer umbral, entramos en esa dimensión del inconsciente que es nuestro cuerpo físico. Aprendemos a reconectar con nuestro cuerpo para permitir que su sabiduría intrínseca penetre poco a poco en nuestra autoconsciencia, en nuestra capacidad de darnos cuenta de que nos *estamos* dando cuenta. Por eso, al cruzar el primer umbral empezamos a experimentar nuevas sensaciones corporales y una mayor intuición, es decir, una mejor orientación de cómo actuar sin necesidad de pensar.

Cuando cruzamos el segundo umbral, nuestra autoconsciencia, nuestra capacidad de darnos cuenta de que nos estamos dando cuenta, ha de viajar al mundo del hemisferio cerebral derecho y del sistema límbico, y entrar en contacto con aquellas imágenes y sentimientos que están allí guardados. Solo accediendo a este nivel de profundidad en el inconsciente podremos comprender muchas de esas reacciones que tanto nos desconciertan.

Una de las decisiones más importantes que deberemos tomar al cruzar el segundo umbral será la de aceptar, abrazar, lo que allí nos encontremos, no importa el aspecto que nos muestre. Aceptar es reconocer algo como perfecto y necesario sin resistirse, sin enfadarse, sin culpar a nada ni a nadie, sin intentar escapar y sin quedarse bloqueado. La aceptación es el paso necesario para la transformación, y por eso pide de nosotros una confianza radical en la Vida, y en esa Consciencia Universal que es Sabiduría y Amor infinitos. No podremos pasar del segundo umbral al tercero si no comprendemos la importancia que tiene la aceptación y que, como ya veremos, se parece a la resignación solo en apariencia.

Para explicar mejor qué es la aceptación me referiré a un campo que como médico conozco bien: la enfermedad. Ante una enfermedad uno puede rebelarse, enfadarse, culparse por no haberse cuidado lo necesario o culpar a otros por no haber hecho un diagnóstico temprano o por no ser capaces de proporcionar un tratamiento adecuado. Esto es muy humano, pero no ayuda a que la enfermedad evolucione de una forma satisfactoria e incluso pueda alcanzarse la curación. Lejos de caer en la ira, la angustia, el miedo, la sensación de impotencia y la desesperanza, aquella persona que acepta la situación como perfecta y necesaria se abre al Misterio. Se trataría, por consiguiente, de no interpretar tal enfermedad como una maldición, sino como un camino. Es un camino tortuoso, y eso hay que reconocerlo, pero es un camino, es decir, lleva a alguna parte, tiene un sentido. De hecho, hay personas que necesitaron vivir una enfermedad para poder despertar a una realidad mucho más profunda que llegó a transformar por completo sus vidas.

La aceptación no es, por tanto, lo mismo que la resignación. La persona que se resigna no ve la enfermedad como prueba, como camino, como perfecta y necesaria para evolucionar como ser humano. Quien se resigna ha claudicado y por eso oculta su resentimiento, su frustración, su sensación de impotencia e incluso su desesperanza bajo un disfraz de aceptación. En el fondo está asumiendo el papel de víctima. Comentamos anteriormente que es en la relación que establecemos con las cosas que nos suceden donde está la clave de todo. La persona que acepta la prueba, por difícil que esta sea, no se resiste a ella. Eso no quiere decir que la vea como agradable o cómoda, sino que la interpreta como perfecta y necesaria.

Cuando, siendo un estudiante de Medicina, hacía mis exámenes, pasar por estas pruebas no era agradable ni cómodo, pero comprendía que eran necesarias para que se pudieran evaluar mis conocimientos y poder pasar así al siguiente nivel. Cuando las pruebas que nos pone la Vida, por difíciles que sean, consideramos que son necesarias porque nos fiamos más de la Sabiduría de la Vida que de lo que es capaz de entender nuestro limitado raciocinio, entonces dejamos de resistirnos y las aceptamos, sabiendo que de ellas surgirá un bien mayor que en esos momentos no somos capaces de imaginar. Por eso la aceptación no es una resignación, no es una claudicación encubierta, sino un abrirse, un dejarse sorprender por una sabiduría y un poder sanador y transformador que va mucho más allá de lo que somos capaces de comprender.

Llegados a este punto en nuestro Camino del Héroe es importante hacer una distinción. La dualidad, la existencia de polaridades, como el blanco y el negro, la luz y la oscuridad, el bien y el mal, es necesaria para poder movernos en el mundo de la materia y, desde luego, para entendernos los unos a los otros. No podríamos distinguir nada si no tuviéramos un lenguaje dual. Sin embargo, esta dualidad se encuentra en la base de nuestros juicios y de muchos de los supuestos de los que partimos.

Se trata de un tipo de lenguaje muy útil para hablar de las cosas y de lo material, pero se queda muy pobre y limitado para hablar de lo humano y de lo espiritual. Nada de lo humano y nada de lo espiritual se puede encorsetar en un lenguaje dual, como lo es el del hemisferio izquierdo del cerebro. Si esa dualidad también se halla en la mente ligada al hemisferio derecho, se producen unas consecuencias desfavorables en lo que se refiere a los niveles de salud, prosperidad, bienestar y felicidad que experimentamos. Por otro lado, la división, la separación, la dualidad tan marcada que existe entre la mente ligada al hemisferio izquierdo del cerebro y la ligada al hemisferio derecho es fuente de todo tipo de disfuncionalidades.

Imaginemos lo que implica que vivan en nosotros dos mentes con dos formas diferentes de ver las cosas, dos formas de sentir y dos inclinaciones a actuar que pueden llegar a ser opuestas. No nos debe extrañar que notemos de una manera u otra este conflicto interno agravado por el hecho de que ambas mentes apenas interactúan entre sí. Una cosa es que tengan percepciones diferentes, intereses distintos y que dispongan de recursos también distintos, y otra que no se comuniquen entre sí e incluso que vivan enfrentadas.

Es, por un lado, la existencia de esa dualidad no resuelta en la mente ligada al hemisferio cerebral derecho y, por otro, el desinterés que tiene la mente ligada al hemisferio izquierdo por conocer la verdad acerca de uno mismo lo que acaba favoreciendo el desarrollo de muchas enfermedades y de gran parte del sufrimiento que experimentamos en nuestra vida. La existencia de esta dualidad no resuelta está detrás de muchos de los bloqueos que sufrimos al enfrentarnos a problemas y situaciones complejas. No solo es que la mente ligada al hemisferio izquierdo del cerebro no sea por sí sola capaz de encontrar una solución, que desde luego no lo es, sino que la división existente entre ambas mentes lo hace aún mucho más improbable.

Por eso, quien recorre el Camino del Héroe y cruza el segundo umbral ha de tener clara una cosa: todo lo que va a encontrar, por sorprendente o incómodo que sea, y por contraintuitivo que pueda parecer, encierra un profundo sentido. Todo es una ayuda para despertar y todo es una oportunidad para expandir el nivel de consciencia del hemisferio derecho y superar la división entre las consciencias ligadas a ambos hemisferios. Lo que carece de sentido para la mente ligada al hemisferio izquierdo del cerebro, sí tiene sentido para la que está ligada al derecho.

Detrás de lo que parece, está lo que de verdad es. Detrás de la incomodidad, está la oportunidad. Más allá del dolor está la libertad.

9
ACCEDER A UN LENGUAJE ENCRIPTADO

La libertad es compartida. Si quieres ser libre, libera a otro

De la misma manera que para entender lo que está ocurriendo en un determinado lugar debemos ir a ese sitio y no esperar que el sitio venga a nosotros, si queremos saber qué es lo que está sucediendo en nuestro mundo inconsciente, tendremos que sumergirnos con valor en ese territorio, por muy desconocido que nos resulte.

Uno de los encuentros más difíciles será el que se produzca con nuestras heridas. Hablamos de momentos en nuestra vida, desde la más tierna infancia, en los que algo nos dolió con intensidad. Tal vez no fuimos lo suficientemente queridos, o quizá nos sentimos abandonados, ignorados e incluso despreciados. Tal vez alguien abusó de nosotros de alguna forma y nos vimos impotentes para defendernos y no pudimos evitarlo. Quizá alguien actuó con nosotros de una forma tan inhumana que nos consideramos insignificantes. Sea lo que fuere lo que causó tales heridas, estas siguen impactando de una forma u otra en nuestra forma de pensar, de percibir, de relacionarnos, de sentir y de actuar sin que seamos conscientes de ello.

Cuando seamos capaces de reconocer esas heridas y contemplarlas con compasión, comprenderemos muchos de los rasgos que conforman nuestra personalidad, sobre todo los que menos nos gustan. Las heridas se mantienen ocultas porque verlas duele, y sostener la mirada duele aún más. Sin embargo, es precisamente en el momento en el que nos encontramos con ellas cuando más esencial es recordar la importancia de mantener la mirada. Se trata de no resistirnos a lo que es, aunque no nos parezca que es lo que debería de ser o nos gustaría que fuera. Todos tenemos heridas y hemos de aceptarlas. Por eso mismo hemos de evitar poner en marcha esas conductas tan típicas cuando nos encontramos con algo que no nos gusta: el ataque, la defensa, la huida o el bloqueo. Tampoco debemos culparnos, culpar a otros o avergonzarnos por acarrear semejantes heridas.

Recordemos que, si hemos decidido embarcarnos en esta gesta que es el Camino del Héroe, ha sido para reconectar con nuestros verdaderos recursos, con nuestro auténtico potencial, y para sanar dichas heridas. En eso consiste el proceso de sanación y de transformación para el que hemos sido llamados. Una llamada para conocernos mejor, para comprendernos, superarnos y transformarnos. Si seguimos estas cuatro fases, despertaremos del sueño que nos tenía atrapados en una determinada identidad, en un personaje (gusano, pollo), y descubriremos quiénes somos en realidad: una persona (mariposa, águila). Por eso, a partir de ese momento nuestra vida pasa a otro plano, se eleva.

Siempre me interesó la egiptología. Precisamente, uno de los hallazgos más fascinantes que se han producido en este campo fue el descubrimiento de la piedra de Rosetta, un fragmento de una antigua estela egipcia que hace referencia a un decreto publicado en Menfis en el año 196 a. C., en la época del faraón Ptolomeo V. Fue hallada el 15 de julio de 1799 por un soldado del ejército de Napoleón, Pierre-François Bouchard, en el delta del Nilo. La piedra, parte de un edificio en ruinas, llamó la atención del soldado no solo porque era de granito negro, sino porque había en ella una serie de extrañas inscripciones. A pesar de que se encuentra en el Museo Británico desde 1802, no fue hasta 1822 cuando el lingüista Jean-François Champollion anunció que había descifrado los textos jeroglíficos que hay en ella.

La escritura egipcia antigua, los jeroglíficos, era tan enigmática y desconocida que nadie hasta la fecha había sido capaz de descifrar, de entender, lo que significaba, lo que quería transmitir. Sin duda, aquellos extraños signos contaban una historia cautivadora. El mundo entero admiraba aquellas fabulosas construcciones, las pirámides, las esfinges y los templos, pero faltaba el relato, la narrativa que pudiera contar por qué, para qué y en honor de quién se habían construido. La escritura jeroglífica era tan diferente a todo lo conocido hasta entonces que nadie tenía ni la más ligera idea de lo que significaba. Aquella humilde piedra de granito negro contenía la clave para descifrar lo que hasta aquel momento se consideraba indescifrable.

La piedra de Rosetta contiene en una cara, que está completamente alisada, el mismo texto, pero en tres lenguajes diferentes: en escritura jeroglífica, en escritura demótica y en griego antiguo. Champollion era un experto en griego antiguo y eso le permitió, por comparación, descifrar el alfabeto egipcio. Por fin, el mundo podía acceder a la historia escrita del antiguo Egipto, conocer el nombre de sus dioses y de sus faraones, saber de sus guerras y de la religión que orientaba sus vidas. Por consiguiente, podemos decir que la piedra de Rosetta permitió desencriptar lo que estaba encriptado.

Nuestro cuerpo manda constantemente mensajes encriptados, como si fueran jeroglíficos egipcios. La mente consciente no puede entender lo que significan y tampoco le interesa demasiado saberlo. Por el contrario, la mente inconsciente sí es capaz de desencriptar estos mensajes, entender eso que nuestro cuerpo quiere que conozcamos. La mente consciente hace lo posible para mantenerlos ocultos, aunque no puede evitar que se expresen en forma de bloqueos emocionales, de reacciones iracundas e incluso de enfermedad.

Nuestra herida, al igual que la piedra de Rosetta, contiene un mensaje encriptado de sentimientos y de necesidades. De sentimientos que no han podido ser adecuadamente expresados y de necesidades que no han sido adecuadamente cubiertas. ¡Qué a gusto nos quedamos cuando podemos expresar con confianza lo que sentimos y nos sabemos comprendidos! ¡Qué satisfacción experimentamos cuando cubrimos nuestras más imperiosas necesidades! Recordemos cómo es de satisfactoria la experiencia de saciar nuestra hambre cuando estamos hambrientos y de saciar nuestra sed cuando estamos sedientos. Existe también un hambre y una sed que no son del cuerpo, sino del alma.

Imaginemos a un niño que tiene un hermano aún más pequeño. Este niño se da cuenta de que su madre, su padre o ambos se vuelcan en cuidados y muestras de afecto hacia su hermano, sin que a él apenas le hagan caso. Ese niño necesita afecto, sentirse querido, protegido, valorado, pero estas necesidades no están cubiertas. De ahí que puedan surgir sentimientos de tristeza, soledad e incluso de miedo. También puede aparecer un sentimiento de ira hacia sus padres y hacia su hermano, además de celos hacia quien atrae toda la atención. Así se configura una herida emocional. Si a la herida le diéramos la voz del niño, diría lo siguiente:

Me siento triste, solo, abandonado. Siento que por alguna razón no valgo lo suficiente para que me presten atención, me valoren y me amen. Me siento confuso y perdido. Tengo ira y tengo celos. Necesito sentir que soy suficiente, que no hay dentro de mí nada que me desacredite para ser querido, que soy alguien que vale la pena. Necesito sentir que no estoy solo, desamparado, perdido.

Sin embargo, ese dolor y esa petición de ayuda no encuentran un canal para ser escuchados.

Esta situación me recuerda a la terrible revolución que tuvo lugar en Rusia a comienzos del siglo XX y que fue desencadenada, entre otras cosas, por una movilización de los campesinos para expresar al Gobierno su sentir y lo que necesitaban. Ellos llevaban un mensaje, una petición de ayuda y auxilio. Todos conocemos más o menos lo que pasó: cuando aquellos campesinos hambrientos llegaron a la capital del país, donde estaba el Gobierno, no solo no se escuchó su petición, sino que se envió a los cosacos para que sofocaran la rebelión. Al final triunfó otro sistema, el comunismo, que, lejos de traer una nueva esperanza, creó una nueva forma de tiranía.

La mente consciente sería, analógicamente hablando, el Gobierno, la estructura que manda, porque es a la que se le ha dado el poder de dirigir. Nuestras heridas emocionales son esos campesinos que sienten hambre y frío y que necesitan expresar lo que sienten. La mente consciente, lejos de intentar conocer y comprender, lo único que quiere es sofocar. Por eso envía a los «cosacos», que son los bloqueos y las inhibiciones que la mente consciente sitúa sobre esas heridas que están en la mente inconsciente. Es su forma de impedir que hablen.

Para Freud, esta barrera estaba en el preconsciente, una interfase entre consciente e inconsciente. ¿Qué ocurre? Pues que llega un momento en el que se produce una auténtica «revolución», y las heridas, enfadadas y molestas porque no se las atiende, desencadenan una enfermedad, que puede tener una expresión física, como un infarto de miocardio, o mental, como una depresión. ¡Menudo golpe para la mente consciente, que ahora se ve privada de todo su poder! ¿Quién puede razonar o tomar buenas decisiones cuando está con una depresión?

¿Quién puede pensar con claridad sobre planes futuros o mejoras profesionales cuando ha sufrido un infarto de miocardio? Es como si las heridas, cansadas de que no se las escuche, nos obligaran a hacerlo.

Sin embargo, al igual que el comunismo en Rusia no fue mejor que la época zarista, ya que ambas situaciones originaron un enorme sufrimiento, tampoco la enfermedad es una alternativa mejor si se la interpreta como una maldición y no como un camino al despertar. Cuando se ve como un camino, también hay que ser un héroe para recorrerlo, de ahí que lo llamemos el Camino del Héroe, un camino que, cuando lo recorramos, nos permitirá conocer la Verdad, esa que san Juan decía que nos haría libres.

El Camino del Héroe nos despierta a una nueva realidad y nos transforma. Si los zares y su Gobierno hubieran prestado atención a los campesinos y hubieran hecho algo para reconocer su dolor, al tiempo que su responsabilidad en ese dolor, y hubieran actuado para que los campesinos se sintieran queridos, valorados y apoyados, no habría habido una guerra, y todos sabemos que un país donde no hay guerras y donde impera la justicia y la búsqueda del bienestar común es un país con muchas más posibilidades de crecer y de progresar que el que hace lo contrario.

10
EL ENCUENTRO CON NUESTRAS HERIDAS

Somos adictos al sufrimiento porque vivimos identificados con nuestros egos

Cuando traspasemos el segundo umbral, no hemos de actuar como lo hace la mente ligada al hemisferio cerebral izquierdo, o mente consciente, repudiando esas heridas, esa parte de nosotros mismos que aprendimos a aborrecer o que tuvimos que acallar para sentirnos aceptados en el entorno familiar. De lo que se trata, por difícil que nos resulte, es de mantenernos en conexión con esas heridas y mostrar hacia ellas empatía y compasión. Si nos ponemos a la defensiva, huimos o nos bloqueamos, estaremos rechazándolas, como si no quisiésemos saber nada de ellas. Es decir, estaremos actuando como el Gobierno ruso con los campesinos.

Para transformar algo, lo primero que hay que hacer no es rechazarlo, sino abrazarlo, entendiendo que, más allá de lo que parece y se manifiesta de una forma negativa, existe siempre una intención positiva. Más allá de nuestros momentos de ira, tristeza, celos, soledad, sensación de impotencia y desesperanza, hay un profundo anhelo de que se crea en nosotros, que se nos valore, se nos ame, se nos apoye y se nos acompañe. Estos anhelos, cuando no son atendidos, hacen que nos deshumanicemos y que nos volvamos seres tristes, iracundos o deprimidos. Por más que intentemos disfrazarlos y disimularlos, estos sentimientos se proyectan en nuestro cuerpo y en nuestra forma de pensar, de sentir, de hablar y de comportamos. Cada uno es en sí mismo una única persona y, por eso, por más que nuestras mentes estén divididas, el resultado de dicha división repercute en el conjunto de la persona y, por consiguiente, afecta directamente a nuestra forma de ser y de estar en el mundo.

El psicólogo estadounidense Marshall Rosenberg hablaba mucho de la comunicación suicida, haciendo referencia a que detrás de nuestras formas de comunicar menos afortunadas, agresivas, depresivas y que invitan a los demás a rechazarnos, existe un mundo de sentimientos no expresados y de necesidades no cubiertas. Por eso me parece enormemente relevante la siguiente frase de Paulo Coelho:

> *Quiéreme cuando menos lo merezco, porque es cuando más lo necesito.*

La misma idea podría expresarse de otra manera:

> *No me rechaces, no huyas de mí, no te pongas a la defensiva, no me maldigas por mi forma de hablarte, porque lo que necesito no es que añadas con tu reacción más sufrimiento al que ya tengo. Lo que necesito es que me ayudes a sanar mis heridas. Ya sé que para muchos no lo merezco. Para aquellos que creen en la ley del talión —ojo por ojo y diente por diente—, has de maldecirme como yo lo hago contigo. Sin embargo, si yo te importo algo, lo que necesito no es que tú también me maldigas, sino que me bendigas.*

Debemos tener en cuenta que, en el Camino del Héroe, todas estas heridas que vamos a encontrar y que en la mayor parte de las personas suelen desencadenar una reacción de ataque, contraataque, defensa, huida o bloqueo, han de activar en nosotros algo completamente diferente, una respuesta que tenga la capacidad de sanar, de conectar, de despertar y de transformar. Es entonces cuando actuaremos como verdaderos magos, al convertir una energía negativa en otra positiva. Cuando Jesús de Nazaret decía que pusiéramos la otra mejilla, hablaba exactamente de esto, de no devolver la agresión, sino de permanecer ahí, sin deseo de venganza y, desde luego, sin adoptar el papel de una víctima sumisa. Esta actitud nos resulta tan poco lógica que apenas le damos credibilidad. Sin embargo, otros grandes seres humanos, como Mandela o Gandhi, no dejaban de repetir la misma idea. Quizá todos ellos estuvieran en lo cierto: lo que este mundo necesita no son personas que obedezcan la ley del talión, sino personas que sigan la «ley del amor». Como decía Gandhi: «Ojo por ojo y diente por diente dejará este mundo ciego y desdentado».

En muchas ocasiones, las personas que reaccionan violentamente ni siquiera saben por qué lo hacen. Recordemos que el origen de esa forma de actuar no lo encontraremos en la mente ligada al hemisferio izquierdo, asociada a la consciencia ordinaria, sino en la ligada al hemisferio derecho, que representa un mundo del que no somos conscientes. Por ello, el juicio rápido y superficial no sirve para nada y no ayuda en nada. Hay que indagar, por medio de la pregunta, para poder entender el origen de la ira o de cualquiera de estas manifestaciones negativas.

La pregunta es la que nos saca del juicio y nos permite empatizar y comprender qué tipo de dolor, qué tipo de herida ha generado dicha conducta. Se trata de encontrar un sentido a lo que en apariencia no lo tiene y de saber amar no por cómo es alguien, sino por quién es en realidad: un ser humano como nosotros. Hablo de un amor que no es un trueque; es decir, no es un «yo te amo si tú me amas» o «yo te amo si tú me tratas con cariño y dulzura». Es un «yo te amo aunque tú no me ames y aunque me trates con dureza». No es que sienta ese amor; es que, aunque no lo sienta, elijo manifestarlo porque sé que es lo único que puede ayudarme y ayudar a otros a sanar y a despertar.

La diferencia está en que en el primer caso no somos libres, porque nuestra respuesta depende de las circunstancias exteriores y del tipo de provocaciones que recibamos. En el segundo caso, sí lo somos, porque decidimos cómo responder independientemente de lo que recibamos del exterior. En el primer caso, estamos completamente centrados en nosotros mismos, en el «cómo me siento yo» y en el «qué necesito yo». En el segundo nos centramos en la otra persona, en el «cómo te sientes tú» y en el «qué necesitas tú». Al cambiar ese enfoque lo cambiamos todo; de ahí el impacto tan sorprendente y hermoso que tiene. Lo interesante es que cada vez que lo hagamos, casi sin darnos cuenta estaremos entrando en el tercer umbral.

Cuando el encuentro con la otra persona no se produce, cuando esta conexión no tiene lugar, gran parte de la energía que necesitamos para alcanzar nuestros objetivos en la vida deja de estar disponible. Si en una ciudad dos grupos están enfrentados y hay violencia callejera, no es fácil que dicha ciudad crezca, ya que los dos grupos estarán usando sus energías no para construir nuevos edificios, abrir hoteles y mejorar el estado de las calles y los parques, sino para destruir al enemigo. Por eso, lo que finalmente se acaba destruyendo es la ciudad.

En este sentido, tengamos en cuenta que el sistema nervioso simpático, que es el que se activa cuando sentimos que estamos en territorio hostil, es ergotrópico, es decir, consume energía. Sin embargo, cuando sentimos que estamos en un espacio de oportunidad, se activa el sistema nervioso parasimpático, que es trofotrópico, es decir, conservador de energía.

El enfrentamiento que hay en nuestro interior poco a poco va deteriorando nuestra calidad de vida, en lugar de hacerla más sana, próspera y feliz. La mente consciente nos hace creer —porque así lo cree ella— que solo se puede vivir en una determinada realidad, pero eso no es así. Que se crea algo no significa que sea verdad. Lo que ocurre es que las otras realidades paralelas en las que podríamos vivir solo las conoce la mente inconsciente, la única que nos puede llevar más allá de esa realidad que considerábamos única y definitiva.

El Camino del Héroe es el gran viaje de nuestra vida, un viaje que no nos lleva a conocer nuevos países, sino a conocer nuevas formas de ser y de estar en el mundo. Por eso hablamos de que el Camino del Héroe es una gesta, un viaje épico, un viaje de aventura, un viaje transformador.

11
El guerrero, el mago y los demonios

¿Qué es lo que hay y no vemos?

Si las personas que escuchan esa llamada a la transformación, esa llamada a vivir en una realidad diferente, optan por no responder, es por miedo. Nadie que cruce los tres umbrales sabe lo que se va a encontrar. En este sentido, hablamos de tres tipos de miedo:

— Miedo a no poder mirar a los ojos a lo que nos encontremos al otro lado.
— Miedo a no ser capaces de mantener la mirada ante lo que podamos encontrar, es decir, el miedo a no ser capaces de mantener una disposición abierta y receptiva para aceptar una determinada realidad, por mucho que nos duela.
— Miedo a sentirnos superados por lo que encontremos.

Si la herida emocional permanece en la sombra, su expresión es lo que conocemos como «demonio», pero no en un sentido religioso, sino metafórico y arquetípico. Un demonio es una energía negativa capaz de generar división, enfermedad, sufrimiento y destrucción. Entre los principales, podemos citar la ira, los celos, la envidia, la prepotencia, la desesperanza, la impotencia, la culpa y el mismo miedo. En algunas tradiciones, a esos demonios se les presenta como «dragones», es decir, seres con un enorme poder y frente a los cuales el ser humano suele sentirse impotente.

La ira, los celos, la envidia, la prepotencia, la sensación de impotencia, la culpa, el miedo y la desesperanza actúan contra los demás y también contra uno mismo, generando todo tipo de conflictos y destruyéndonos por dentro. Un demonio puede tomar forma y convertirse, por ejemplo, en una enfermedad, y su presencia genera una reacción de rechazo, reacción que hemos de superar para avanzar en nuestro camino.

Un mago puede transformar esa energía negativa en positiva. Para ello, primero debe aparecer el arquetipo del guerrero, el cual, ante la presencia de un demonio, ni se encoleriza, ni se enfrenta, ni se asusta, ni huye, ni se bloquea.

El guerrero se mantiene en su lugar mirando al demonio a los ojos por más que este muestre sus dientes o eche fuego por la boca. Después debe aparecer el mago, que sabe que más allá de ese demonio, en la sombra, se oculta la herida, el dolor no expresado, la necesidad no cubierta. Por ello, si el mago quiere que la herida salga del mundo de las sombras, que deje de ocultarse, no debe ofrecer ninguna resistencia ante la presencia del demonio o del dragón. Los verdaderos poderes del mago son la sabiduría, la empatía, la compasión y la capacidad de perdón.

La misión del guerrero no es empatizar, expresar compasión o perdonar, sino mantenerse firme, sereno y tranquilo en medio de la prueba. El guerrero representa esa sólida montaña que no siente aversión hacia nada, aunque sea el más crudo de los inviernos. El guerrero sabe que, si se mantiene firme y sereno ante la presencia de cualquier demonio, sin atacar, huir y sin bloquearse, la herida se atreverá a salir de las sombras y se

mostrará tal y como es. Y en ese momento el mago podrá actuar abrazando a aquel niño herido que no se sintió —ni se siente— digno de ser abrazado, de ser querido. Recordemos que detrás del ataque se encuentra una vulnerabilidad. Es entonces, y solo entonces, cuando el niño herido perciba que es acogido, abrazado y querido, cuando empezará a hablar, a contar su historia y a expresar lo que siente y necesita.

Cuando el mago muestra al niño herido empatía y compasión, sus heridas empezarán a sanarse y una fuerza sorprendente, la fuerza del verdadero amor —un amor que es manifestación de la naturaleza del Universo—, empezará a generar una nueva realidad. Por desconcertante que esto pueda parecer, solo cuando las heridas empiecen a sanar empezarán a desplegarse los verdaderos recursos, el auténtico potencial de la persona.

En esta vida todo está conectado. Amar lo que aparentemente no se puede amar se convierte en la clave para sanar y expresar plenamente nuestro don. Por tanto, el mago posee el mayor de los poderes, que es el de transformar la energía negativa en positiva, lo destructivo en constructivo, lo que separa en lo que une, lo que bloquea en lo que libera, lo que enferma en lo que sana, lo que evita en lo que permite, lo que anula en lo que genera, lo que estropea en lo que arregla, lo que complica en lo que resuelve, lo que cierra en lo que abre. El mago tiene todo ese poder porque integra la energía negativa y destructiva del miedo y la transforma en la energía positiva y reparadora del amor incondicional.

En el budismo tibetano se insiste en que todo caminante que siga la senda del despertar ha de ser capaz de transformar los demonios que encuentre en su camino en recursos, en benefactores. Gracias a que establecemos una relación con esos demonios no basada en el miedo, sino en la curiosidad, en el

deseo de conocer, de comprender, de sanar y de transformar, permitiremos que se conviertan en una puerta que nos dé acceso al mundo de las sombras, ese mundo en el que nuestras heridas se mantienen ocultas. Cuando caemos en la cuenta de que un demonio es una puerta, comenzaremos a relacionarnos con él de una forma completamente distinta.

Cuando nuestras heridas empiezan a sanar, comenzamos a crecer y a evolucionar. Las dos mentes empiezan a sincronizarse y se despliega la capacidad de crear una nueva realidad. La consciencia, que estaba dividida, se unifica. Por eso nos volvemos no solo más eficaces —porque la mente consciente deja de invertir su energía en bloquear a la inconsciente—, sino más eficientes. Eficacia y eficiencia se convierten así en el motor de nuestro avance y de nuestro bienestar.

Por todo lo expuesto, encontrarse con uno de estos demonios puede interpretarse como una amenaza o como una gran oportunidad disfrazada de amenaza. Todo depende del nivel de profundidad de nuestra mirada. Cuanto más profunda sea, mejor veremos lo que se mantiene oculto.

12
El poder transformador del verdadero amor

El amor vence la imposibilidad de la lógica

Hemos visto que la sabiduría para reconocer en los demonios una puerta y en el amor el elemento clave para sanar nuestras heridas nos va a permitir seguir transitando por nuestro Camino del Héroe. Desde mi punto de vista, cuando hablamos de amor, existe una gran confusión acerca de lo que representa, de ahí que se nos escape la naturaleza de su poder transformador. Para superar este obstáculo, nos aproximaremos a lo que considero que es el verdadero amor, un amor sin condiciones, un amor gratuito, el único que tiene la capacidad de sanar nuestras heridas y de transformar por completo nuestras vidas. Ya Quevedo, en el siglo XVII, nos ofrecía su definición del amor:

> El amor es hielo abrasador, es fuego helado,
> es herida que duele y no se siente,
> es un soñado bien, un mal presente,
> es un breve descanso muy cansado.
> Es un descuido que nos da cuidado,
> un cobarde con nombre de valiente,
> un andar solitario entre la gente,
> un amar solamente ser amado.
> Es una libertad encarcelada,

> que dura hasta el postrero paroxismo;
> enfermedad que crece si es curada.
> Este es el niño Amor, este es su abismo.
> Mirad cuál amistad tendrá con nada
> el que en todo es contrario de sí mismo.

No cabe duda de que la descripción de Quevedo está llena de paradojas e incluso podría generar todavía más confusión de la que ya teníamos. Si retrocedemos aún más en el tiempo, nos encontraremos con otra definición del amor que, estando llena de belleza, podría parecer que hace referencia a algo que no es de este mundo. Es la descripción del amor que hace san Pablo en su Carta a los Corintios:

> Aunque yo hablara todas las lenguas de los hombres y de los ángeles, si no tengo amor, soy como una campana que resuena o un platillo que retiñe.
>
> Aunque tuviera el don de la profecía y conociera todos los misterios y toda la ciencia, aunque tuviera toda la fe, una fe capaz de trasladar montañas, si no tengo amor, no soy nada.
>
> Aunque repartiera todos mis bienes para alimentar a los pobres y entregara mi cuerpo a las llamas, si no tengo amor, no me sirve para nada.
>
> El amor es paciente, es servicial; el amor no es envidioso, no hace alarde, no se envanece, no procede con bajeza, no busca su propio interés, no se irrita, no tiene en cuenta el mal recibido, no se alegra de la injusticia, sino que se regocija con la verdad.
>
> El amor todo lo disculpa, todo lo cree, todo lo espera, todo lo soporta.
>
> El amor no pasará jamás. Las profecías acabarán, el don de lenguas terminará, la ciencia desaparecerá; porque nuestra ciencia es imperfecta y nuestras profecías, limitadas.

Cuando llegue lo que es perfecto, cesará lo que es imperfecto.

Mientras yo era niño, hablaba como un niño, sentía como un niño, razonaba como un niño, pero cuando me hice hombre, dejé a un lado las cosas de niño. Ahora vemos como en un espejo, confusamente; después veremos cara a cara. Ahora conozco todo imperfectamente; después conoceré como Dios me conoce a mí.

En una palabra, ahora existen tres cosas: la fe, la esperanza y el amor, pero la más grande de todas es el amor.

En una época más reciente, el gran paleoantropólogo francés Pierre Teilhard de Chardin también nos envía un mensaje sobre el poder transformador del amor:

Llegará el día en que, después de aprovechar el espacio, los vientos, las mareas y la gravedad, aprovecharemos para Dios las energías del amor. Y ese día, por segunda vez en la historia del mundo, habremos descubierto el fuego.

Es al amor que no espera nada al que todo se le es dado. Esta cualidad mágica del amor es difícil de entender por quien siempre espera algo de la persona o de la cosa que ama. Esa forma de amar sin esperar es tan diferencial que gracias a ella emerge algo sumamente especial en eso que se ama. Taisen Deshimaru, un gran maestro Zen, decía que practicar Zen era amar *zazen,* es decir, amar el simple hecho de sentarse en estado de contemplación. Los maestros del Zen, como los de la mística castellana, hablan de esta cualidad mágica y transformadora del amor sin condiciones. Una de las condiciones que ponemos habitualmente es esperar un determinado resultado de ese amor.

El verdadero amor es origen y es fin en sí mismo. Amas porque quieres amar, y por eso solo se le revela una nueva realidad a aquel que ama sin esperar que nada especial se le revele. ¡Qué difícil resulta aceptar que se pueda hacer algo sin buscar nada a cambio, aunque sea algo tan noble como el despertar!

La prueba del amor

El ego es incapaz de amar sin esperar, mientras que el Ser es incapaz de amar y a la vez esperar. El amor es la piedra filosofal que lo transforma todo. El amor es la gran revolución y la verdadera alquimia del Universo, lo que transforma las flechas en flores y el aceite hirviendo en pompas de jabón, como vemos tan gráficamente en el cuento de *La bella durmiente.* Cuando alguien es incapaz de amar, también es incapaz de transformar lo que tiene ante sí. Amar aquello que se es en la profundidad de uno mismo y de los demás, a pesar de lo que superficialmente parece ser y se puede ver. El camino del verdadero amor invita a trascender lo que nos separa, la apariencia, la forma, para reconectar con el fondo, que es lo que nos une y nos hermana. Amar es pasar del argumento (la historia, el drama) al tema (lo esencial), y saber amar es la prueba, porque ella es la lección. La prueba es la verdadera enseñanza.

Existen niveles distintos de realidad a los que se accede con una mirada de alcance, con una mirada de anchura y con una mirada profunda. Cada nivel tiene su lógica propia. Lo que en un nivel se opone, en otro nivel se complementa. «Las realidades que no se pueden pesar ni medir son más importantes que las que sí se pueden pesar y medir», nos recordaba el gran cirujano francés Alexis Carrel, Premio Nobel de Medicina en 1912.

Hay, sin duda, una realidad material y hay también una realidad que trasciende lo material y a la que denominamos espiritual.

La presencia y el amor están íntimamente conectados. Cuando uno ama lo que hace, su nivel de presencia es absoluta. Por eso se pierde la noción del tiempo, porque se está solo en el aquí y el ahora. Ahí radica «el Poder del Ahora» del que tan magistralmente habla Eckhart Tolle.

Cuando reconocemos en nosotros formas de actuar que no nos gustan, la sensación es incómoda e incluso dolorosa. Debemos entender que ese ver lo que antes no veíamos es la clara expresión de que se ha producido una expansión en nuestro estado de consciencia y estamos fuera de nuestro «mapa mental», fuera de nuestra consciencia ordinaria. Esto nos coloca directamente en la «zona de *breakdown*», donde nos encontramos mejor que antes porque nuestra consciencia se ha ampliado, pero nos sentimos peor por la misma razón, porque ahora podemos reconocer nuestra inautenticidad y nuestra propia ceguera.

Es más fácil vivir en la ignorancia, pero si uno quiere salir de ella, a pesar del dolor, es porque ha entendido que una consciencia limitada genera daño en uno mismo, en los demás y en el mundo, ya que es lo que precisamente nos separa de nosotros, de los demás y del mundo. Una consciencia limitada es una consciencia egoica, centrada en sí misma e incapaz de amar.

Es verdad que hace falta humildad, valentía y compromiso para amar esa herida, esa verdad que duele, para no querer huir de ella, sino para abrazarla.

Quizá a través de una analogía se entienda mejor lo que implica entrenarse para aprender a amar. De la misma manera que una gallina no puede amar la caza y, sin embargo, un águila sí, tenemos tendencia a pensar que solo si una persona es de una determinada manera se la puede llegar a amar.

Es interesante señalar que, cuando uno se entrena en amar, el propio entrenamiento acaba convirtiéndose en una forma de ser. Es decir, que cuando uno se entrena para «amar la caza», empieza a convertirse en un águila y deja de ser gallina. Al igual que a la gallina —porque se ve gallina y no águila— le parece imposible amar la caza, a nosotros nos parece imposible amar el entrenamiento, la prueba, la aventura, el riesgo, los desafíos y las dificultades.

También nos parece imposible amar a las personas que nos critican, nos atacan e incluso nos ofenden. Es precisamente cuando uno se entrena en amar a una persona en su conjunto, con lo que nos gusta y con lo que no, cuando empieza a reconocerse como águila y no como gallina.

Amar es transformar, es permitir que emerja algo nuevo, una realidad distinta a la que había. Lo que se ama se transforma. El entrenamiento, la prueba, la aventura, el riesgo, los desafíos, las dificultades, las ofensas, las críticas, los ataques y el dolor se convierten en descubrimiento, crecimiento, evolución, sanación y transformación. De esta manera se penetra en un plano de la realidad al que previamente no teníamos acceso.

Amar es también entrar en trance, es una absorción completa en el aquí y en el ahora, sin expectativas, sin apegos, sin aversiones, con presencia plena.

En presencia del verdadero amor toda resistencia se desvanece, porque el amor es capaz de amar incluso la resistencia.

Todo lo que genera sufrimiento al ser humano sucede fuera del espacio del amor. Dentro de él, el sufrimiento no tiene cabida, así como tampoco la tienen los celos, la envidia, el orgullo, la ira, la avaricia, la ignorancia o el miedo. El amor supera toda dualidad. Amar lo que es más difícil amar se convierte en la práctica más elevada.

Todo nuestro sufrimiento procede de la polarización, de la dualidad de la que tanto hemos hablado, y esa dualidad procede del alejamiento del amor. Por eso, cuando conectamos con nuestra verdadera esencia, que es amor, somos capaces de amar tanto lo fácil como lo difícil, tanto lo agradable como lo desagradable, tanto lo que fluye como lo que se resiste. La consecuencia de este amor sin condiciones («yo te amo independientemente de tu apariencia, de tu expresión») es la trascendencia de la dualidad y la vuelta a la unidad.

Morihei Ueshiba, creador del aikido, un arte marcial japonés, eligió muy bien las palabras para describir esta disciplina:

> *Aikido* significa lo que une *(ai)* la energía vital *(ki)* con el camino de perfección *(do)*.

Abrazando las sombras

Cuando hablamos de felicidad, nos parece inconcebible que pueda ser un estado permanente del Ser. Lo que nos hace realmente felices no es dónde estamos, sino con quién estamos y cómo estamos. Es la experiencia de amar y de ser amados lo que nos hace experimentar la felicidad. Como hemos nacido en una sociedad donde lo habitual es amar con condiciones, todos estamos profundamente sedientos de encontrarnos con alguien que no nos ponga ninguna para amarnos. Hay un lugar dentro de nosotros en el que somos ese amor que no pone ninguna condición para expresar amor.

Cuando ponemos nuestra atención solo en lo que no somos, tendemos a llenarnos de tristeza, amargura, sensación de impotencia y desesperanza. Cuando, por el contrario, aunque aceptemos aquello que (todavía) no somos, nos fijamos en lo que sí somos, los sentimientos comienzan a cambiar y nos ofrecen una visión menos limitada de la realidad que somos. Si, además, comprendemos que somos mucho más que eso que no somos y de eso que somos (polaridad, lo bueno y lo malo), entonces se abre una puerta a la ilusión y a la esperanza, así como al descubrimiento.

La máxima «la verdad os hará libres», del Evangelio de san Juan, hace referencia a asumir, a aceptar, a abrazar, en lugar de rechazar eso que no somos, y a celebrar lo que sí somos. También hace referencia a abrirse ilusionados a descubrir lo que trasciende el conocimiento que tenemos de nosotros mismos para ampliar la representación de nosotros, de los demás y de la vida. Todo un mundo de posibilidades se abre ante esa disposición a trascender, a ir más allá de nuestro mundo conocido y familiar.

Es verdad, todavía no soy esa persona que me gustaría ser y, sin embargo, en otros aspectos, sí soy esa persona que me gustaría ser y, además, soy más, mucho más que eso que no soy y que eso que sí soy.

Todo aquello que a lo mejor no somos todavía (asertivos, empáticos, compasivos…) es una expresión de nuestra sombra, de lo que no queremos aceptar, de lo que no queremos asumir, de lo que no queremos abrazar y por eso mismo no podemos transformar. Nos enfadamos, nos rebelamos cuando lo reconocemos o cuando alguien nos lo pone ante los ojos de una manera desnuda, sin florituras. A veces nos ponemos a la defensiva, contraatacamos o, sencillamente, nos quedamos atrapados en el *shock* y en la negación. A menudo nos cargamos de resentimiento hacia nosotros mismos o hacia otras personas porque no son como querríamos que fueran. También podemos caer en la tristeza, el miedo, la frustración, la angustia o la depresión. Tratar con estas expresiones de nuestra sombra es todo menos fácil y, sin embargo, es fundamental hacerlo de una manera eficiente.

Nuestra sombra abarca todos los aspectos de nosotros que no queremos ver, que no queremos sentir, que nos avergüenzan, y por eso intentamos, consciente e inconscientemente, negarlos, rechazarlos, reprimirlos. Nos sentimos absolutamente incapaces de abrazarlos, de amarlos. Amar algo así nos parece absurdo e imposible. No nos vemos capaces de aplicar el arte del *kintsugi,* ese unir con resina de oro los fragmentos de la vasija rota. No nos vemos capaces de amar esas «fracturas» que todos tenemos y que no hacen sino mostrar las estrategias que tuvimos que aplicar cuando éramos pequeños para poder sentirnos queridos y aceptados. Es posible que fuéramos asertivos, pero nos encontramos con el rechazo parental y, quizá, la sumisión atraía el afecto de nuestros padres. «Seré sumiso y así los demás me darán su afecto», pensamos.

Conocer y comprender el origen de esa fractura es también conocer el origen de la herida. Esto hace más factible la superación y la trascendencia. Al igual que en el cuento de la princesa y el sapo, cuando somos capaces de amar eso que nos genera rechazo, se rompe el hechizo y se produce una auténtica transformación.

En un nivel superficial, esta transformación no es posible; sin embargo, cuando desarrollamos esa mirada profunda que permite ver lo que hay tras la conducta errónea, la intención positiva (sentirse querido y aceptado); cuando desarrollamos esa mirada ancha que nos permite reconocer el impacto que esa forma de ser está teniendo a nuestro alrededor, y cuando desarrollamos esa mirada con un alcance que nos permite ver las consecuencias futuras si no cambiamos, entonces empezamos a permitir que se produzca en nosotros una transformación.

Si nos quedamos atrapados en el plano superficial, el de las realidades aparentes, viviremos como personas irritables, tristes, amargadas, deprimidas, y nos sentiremos incapaces de cambiar esta situación. Solo si superamos dicho plano se producirá la alquimia que desafía las leyes de nuestra lógica y que permitirá que algo nuevo, sorprendente e inesperado emerja. Es así como descubrimos que existe una dimensión del amor que ni siquiera sabíamos que existía, porque nada tenía que ver con nuestra concepción de lo que era amar.

Como hemos visto, no hablamos de un amor dualista que ama unas cosas y rechaza otras, sino de un amor trascendente y no dualista, como el amor de un árbol que da oxígeno y sombra sin cuestionarse si la persona que está bajo él se lo merece o no, si es buena o no, si le es simpática o no. Cuando somos capaces de abrazar a nuestros demonios, esas dimensiones que hay en nosotros y que no queremos reconocer, nos acercamos un poco más a la experiencia de unidad. Esos demonios, esa sombra, nos muestran el lugar donde nuestra luz todavía no ilumina, un lugar que somos incapaces de amar. De la misma manera que rechazamos a aquellas personas que no son como nos gustaría que fueran, nos rechazamos a nosotros mismos cuando no somos como nos gustaría ser. El verdadero amor, el que trasciende todo dualismo, no ama por partes, sino en la totalidad.

13
LOS NUEVE REQUISITOS PARA LA TRANSFORMACIÓN

Si eres grande, no aceptes la mediocridad

Ahora ya estamos en condiciones de entender con más claridad en qué consisten los requisitos que hemos de cumplir para que el proceso de transformación tenga lugar mientras recorremos el Camino del Héroe.

Primer requisito: MANTENTE

Mantente presente, en silencio, aunque duela, aunque ofenda, aunque sea injusto, aunque sea parcial, aunque pueda ser, incluso, profundamente erróneo. No reacciones, no te justifiques, no argumentes, no te defiendas, no contraataques. Simplemente, quédate ahí y aguanta con serenidad la tempestad, aunque sientas que te desborda la ira, la tristeza, el miedo, la vergüenza, la culpa. Simplemente, quédate ahí, aunque queme el cuerpo, aunque duela el alma, aunque tus músculos parezcan cuerdas a punto de romperse por tanta tensión. Mantente presente, mantente presente, mantente presente... No puedes pasar a la segunda fase si eres incapaz de ganar esta etapa del juego de la mente dualista, del juego de *Mara,* ese gran espejismo que, según el hinduismo, nos tiene atrapados. Aquí es donde el guerrero ha de estar a la altura manteniendo la posición, aunque haya dolor, aunque haya «bajas» en su interior.

Segundo requisito: ELÉVATE

Descubre que esa tristeza, que esa amargura, que ese miedo, que esa ira que experimentas y que te generan tanto dolor también te están mostrando el camino a la transformación. Elévate para ver esa oportunidad envuelta en ropas de faena. Es la visión del águila la que te mostrará la oportunidad en medio del dolor y de la dificultad. Es así como dispones tu ánimo de otra manera y te abres a la exploración y al descubrimiento. Cuando el dolor carece de significado, es mucho más difícil de soportar. Cuando nos abrimos a la posibilidad de que haya un sentido —oculto por el momento— en ese dolor que experimentamos, empezamos a cambiar nuestra relación con ese dolor. Hemos pasado así del franco rechazo al interés y la curiosidad. El guerrero está empezando a dar paso al mago.

Tercer requisito: INVESTIGA

Detrás de nuestros demonios hay una intención positiva, por muy oculta que esté. Cuando odiamos, lo hacemos para tapar nuestros sentimientos de soledad, de vulnerabilidad, de tristeza y de impotencia. Nos convertimos así en los creadores y en las víctimas de nuestro propio odio. Para salir de esta trampa hemos de abrazar nuestra soledad, nuestra tristeza, nuestra vulnerabilidad y nuestra impotencia.

No podemos abrazar estos sentimientos si primero nos resistimos a reconocerlos. Hay una llamada al amor que trasciende toda dualidad. Es un clamor para volver a experimentar el amor original. Es la senda para aprender a amar lo que antes se temía. Estamos cambiando el «¿por qué no soy como me gustaría ser?» por el «¿para qué sucede esto en mi vida?».

Todos necesitamos una sombra a la que amar para recuperar la experiencia de unidad. De esta manera, cada vez separamos más la intención positiva de la conducta disfuncional (falta de asertividad, falta de empatía, desconexión con el cuerpo…), y transitamos de un mundo racional, en el que la única reacción frente al dolor es rechazarlo, huir o bloquearnos, a un mundo espiritual, en el que la única respuesta frente al dolor es la compasión, el amor.

Cuarto requisito: DESCUBRE

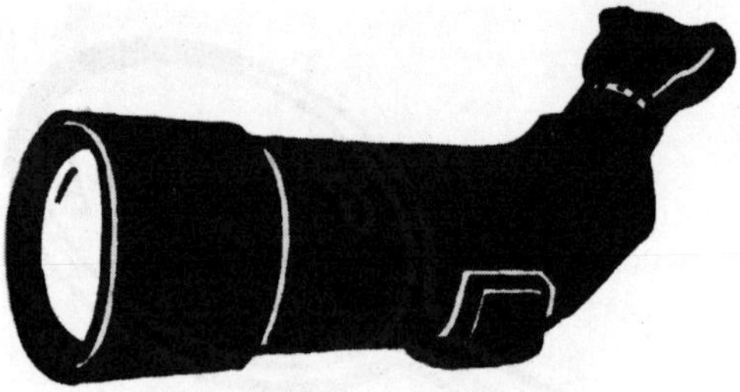

Ábrete a descubrir. El dolor es el camino. La relación es la clave. Respeta, valora y ama eso que temes y lo transformarás. Si puedes amar el infierno, es porque ya estás en el cielo. Eso que nos duele es lo mismo que necesita ser integrado. Huir del dolor es también huir del descubrimiento. Pregunta a ese dolor:

¿Cuál es el regalo que estás intentando darme y que yo me resisto a aceptar?

¿Cuál es el recurso que me estás ofreciendo, aunque yo no lo pueda reconocer?

Quinto requisito: CONECTA

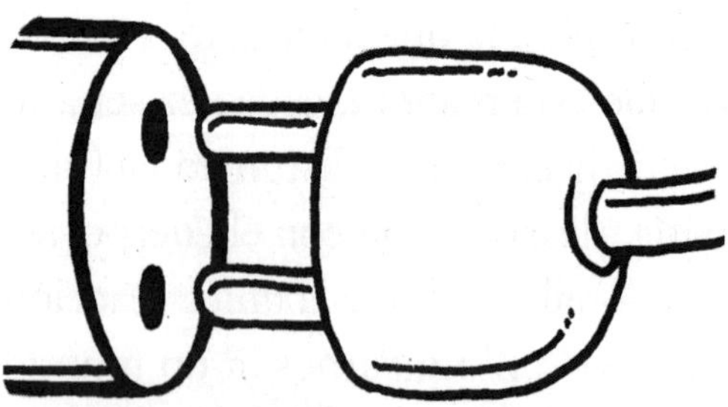

Conecta con esa parte de tu cuerpo donde la incomodidad, la tensión e incluso la ausencia de sensaciones se hace más llamativa. Hay algo en ti que está despertando y que busca ser escuchado, respetado, valorado y amado para ser primero sanado y para, después, formar parte de tu propia transformación.

Sexto requisito: RECONOCE

Reconoce tu vulnerabilidad, tu fragilidad, tu ignorancia y acepta que no por ello eres indigno de amor, sino que, por el contrario, estás mucho más necesitado de él.

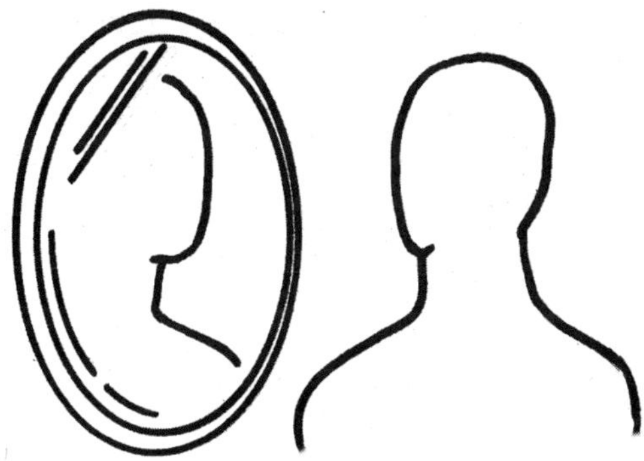

Séptimo requisito: ÁBRETE

Ábrete a ese Universo que es sabiduría y amor incondicional, y el único que puede enseñarte a amar lo que aún eres incapaz de amar. De las vasijas rotas no procede la reparación, porque lo máximo que podemos hacer es poner unas cuantas grapas para intentar mantener las fracturas unidas. Sin embargo, aquí no hay belleza.

Solo cuando el Universo rellena de oro esas fracturas convierte en hermosas esas mismas fracturas. Esa obra maestra de *kintsugi* jamás hubiera podido existir si la taza no tuviera fracturas y si no se las hubiera presentado a ese gran orfebre que es el Universo para que Él las cubriera de oro. El resultado es algo nuevo, algo que integra la materia con el espíritu, el barro con el oro.

En un nivel superficial, está claro que nadie vertería oro en un cacharro roto. En un plano más profundo, tiene todo el sentido del mundo, si se quiere crear una pieza única. Cuando conectamos con ese Universo sabio y compasivo, con ese campo cuántico, con Dios, se produce la sanación, el descubrimiento, la magia, el milagro.

Octavo requisito: *RECUPERA LA CAPACIDAD DE ASOMBRO*

Mantén un espíritu curioso y observa atentamente cómo el Universo reconcilia dos lados aparentemente irreconciliables. No podría producirse lo que vas a ver si no existieran esas dos fuerzas opuestas. Asómbrate ante el nivel de creatividad y de originalidad con el que el Universo puede manifestarse en tu vida. Mira cómo emerge algo completamente nuevo y diferente a lo que antes había, cómo surge el agua de la integración del oxígeno y el hidrógeno. Esto no es algo que se pueda describir con palabras; únicamente se puede sentir, experimentar, vivir como un antes y un después, como quien empieza a ver colores cuando antes solo veía grises, como quien empieza a ver en tres dimensiones cuando solo veía en dos.

Decía Joseph Campbell:

El propósito del viaje es la compasión. Cuando has trascendido el dolor de los opuestos, has alcanzado la compasión.

Solo se experimenta el TAO mediante la integración de los opuestos. El TAO es esa consciencia sin división y ese campo de infinitas posibilidades. El lado oscuro en su superficie es un demonio, pero en su profundidad es un alma herida.

Noveno requisito: AGRADECE

Quien experimenta semejante transformación solo puede vivir en gratitud, porque vive en unión, en sabiduría y en amor. Por eso su presencia irradia algo tan especial y vivificador.

14
El arte de la presencia

No conocemos el impacto que ciertas cosas pueden tener en nuestras vidas

La resistencia que podemos ofrecer a los demonios la vamos a sentir fundamentalmente en el cuerpo en forma de un aumento de la tensión muscular. Por eso es tan importante aprender a relajar el cuerpo profunda y sostenidamente.

Ya vimos cómo este proceso tiene un gran impacto, a través del nervio vago, en nuestro *Hara,* en el cerebro entérico y en la microbiota. Dibujar en el rostro una sonrisa es esencial, porque un rostro que sonríe aleja gran parte de su miedo. Por eso también es importante mantener la presencia de una montaña. Recordemos que el verdadero poder de una persona no se refleja en la agresividad con la que lucha, sino en la fuerza de su presencia, que es lo que refleja su verdadero poder interior.

Recuerdo que hace muchos años un gran karateka desafió en un combate a quien en aquel momento ostentaba el cinturón rojo, el cinturón negro décimo dan en esa disciplina. No hay ningún grado superior al cinturón rojo. De hecho, solo hay uno en el mundo por escuela. Pues bien, aquel karateka ni siquiera llegó a competir. Cuando le preguntaron por qué se había retirado, su contestación fue la siguiente:

—Cuando me puse frente a él y le miré a los ojos, supe que ya me había vencido.

Este es el poder de la presencia, que se transmite con la mirada, se siente y se experimenta. Recuerdo una experiencia que yo mismo viví, cuando algo surgió de mi interior y le dio por completo la vuelta a una situación complicada.

Volvía de Nueva York a Madrid y estaba en el aeropuerto JFK. Había llegado con mucha antelación, aunque mi vuelo salía por la noche. Tenía un billete para volar en la TWA (una compañía aérea que ya no existe), en clase turista. Es importante remarcar que mi billete era normal, que no lo había comprado en ningún «baratillo». Como disponía de varias horas antes del embarque, empecé a dar vueltas por aquel enorme aeropuerto. Me extrañé cuando me di cuenta de que, a medida que pasaba el tiempo, las pantallas mostraban cada vez más vuelos cancelados. Nunca había visto nada igual.

Al cabo de dos horas anunciaron que mi vuelo a Madrid se retrasaba. «Esto no me gusta nada», pensé. A la una de la madrugada finalmente se canceló. Por razones que desconozco se cancelaron todos los vuelos que salían aquel día del aeropuerto JFK de Nueva York. Por megafonía se nos informó de que teníamos que recoger nuestras maletas y ponernos en fila frente a un mostrador de la TWA, donde nos darían un volante para dormir esa noche en un hotel cercano. La cola era inmensa, más de trescientas personas, porque volábamos en un avión grande, en un Boeing 747, un Jumbo.

Cuando, después de más de una hora haciendo cola, llegué al mostrador y enseñé mi billete de avión, la azafata de tierra lo miró y, con tono despectivo, dijo:

—Con ese billete usted no tiene derecho a nada. Que pase el siguiente.

Todavía no sé qué fue lo que me ocurrió, porque no me enfadé, no grité, no me puse violento. Tan solo contesté:

—Con este billete sí que tengo derecho, y usted me va a dar un volante para que yo pueda dormir esta noche en un hotel de Nueva York.

La mujer se quedó desconcertada y me dijo:

—Un momento, por favor.

Después de escribir algo en un papel, me lo dio diciéndome que pasaría la noche en el hotel Hyatt. Aquello me sorprendió mucho, porque yo sabía que era uno de los mejores hoteles que entonces había en Nueva York.

Después me dijo:

—Mañana a las nueve de la mañana irá una persona de la TWA al restaurante de su hotel y les dirá en qué vuelo pueden regresar a Madrid.

Yo, que sabía que al día siguiente el aeropuerto JFK sería un auténtico caos tras la cancelación de tantos vuelos, le dije:

—Quiero que me dé ahora el billete de vuelta para mañana.

De nuevo noté que la azafata se quedaba un tanto descolocada.

—Un momento, ahora le doy su billete.

Creo que yo me marche de allí mucho más descolocado que aquella mujer.

Cuando llegué al Hyatt y enseñé mi volante, me dieron la llave de mi habitación. Me sorprendió porque estaba en un piso muy alto. Me habían dado nada más y nada menos que el *penthouse* (ático), que es tan grande como un apartamento. No daba crédito.

Al día siguiente, no esperé a nadie de la TWA (una conocida, también española, que me encontré en el hotel y después en el aeropuerto, me dijo que la persona de la compañía nunca apareció) y me marché temprano hacia el JFK. Sabía que mi vuelo salía por la tarde, pero quería llegar pronto para saber cómo estaban las cosas en el aeropuerto. Nunca había visto semejante caos. «La mitad de los pasajeros se quedan en tierra —pensé—. Va a haber *overbooking* seguro». Entonces miré mi billete y vi el asiento que me habían asignado. Era imposible, algo debía de estar mal. Me habían dado uno de los primeros asientos del avión. Aquella azafata de la TWA que me atendió, y que me dijo que con mi billete no tenía derecho a nada, me había dado un volante para pasar la noche en el *penthouse* del Hyatt y, además, un billete para volar en primera clase. Si en un Jumbo cabían unas cuatrocientas personas, aquel día querían volar a Madrid unas ochocientas. La verdad es que no sé lo que acabó pasando. Tan solo recuerdo que, cuando dijeron por megafonía que primero embarcaran las familias con niños y los pasajeros que volaran en primera clase, yo pasé.

Los pilares de la presencia

Volvamos ahora a nuestro cuerpo y recordemos que puede ser tanto un obstáculo como un camino. Si no nos mantenemos con una presencia centrada y poderosa cuando atravesemos el segundo umbral, será imposible que avancemos con éxito. Un cuerpo que expresa relajación y *kimé,* poder interior, cuando se encuentra con los demonios y con las heridas, no muestra resistencia. El cuerpo es el único que dice la verdad. Si pienso:

«No me estoy resistiendo», pero mi cuerpo está tenso y tengo un nudo en el estómago, en mi *Hara,* en mi cerebro entérico y en mi microbiota, será señal de que me estoy autoengañando. Solo cuando sea capaz de mantener mi cuerpo relajado en medio de la prueba podré decir que no me estoy ni resistiendo ni autoengañando. Recordemos que, en el Camino del Héroe, el cuerpo tiene el poder de bloquearnos o de permitirnos fluir.

Cuando una persona que se halla en un estado mental funcional se encuentra con una que no lo está, podrá ayudarla a volver a un nivel funcional solo si su nivel de presencia se mantiene estable. Por presencia entendemos la expresión de un poder interior que nada tiene que ver con la utilización de la fuerza.

La presencia se sustenta sobre cuatro pilares:

1. Aceptación frente a lo que es, abrazando la prueba como una oportunidad para crecer.
2. Apertura curiosa ante lo que puede llegar a emerger.
3. Confianza en un Universo que obra milagros. Fe en que algo va a suceder, aunque no se sepa cómo va a suceder.
4. Fortaleza emocional para mantenerse entero en medio de la prueba.

15
La libertad de elegir

Hay que aprender a hacer las cosas a tiempo y, también, saber corregir las cosas a tiempo

El gran viaje que es la vida nos pedirá constantemente que aprendamos a elegir de una forma diferente. Son las decisiones las que dan un rumbo u otro a nuestras vidas. Saber que en la capacidad de elegir radica que se despliegue una u otra realidad en nuestra vida da mucho vértigo, pero al mismo tiempo es una gran noticia, porque implica que, sea cual sea nuestro pasado y los errores que hayamos cometido, siempre podemos empezar de nuevo.

En el Camino del Héroe hay una serie de decisiones que siempre irán a nuestro favor, porque, sencillamente, están alineadas con las leyes del Universo. Por eso, una decisión puede convertir un momento cualquiera en un momento mágico:

— *En cada momento puedes elegir entre sonreír o poner cara de pocos amigos.*
— *En cada momento puedes decidir entre ser amable o no serlo.*
— *En cada momento puedes decidir entre ser el protagonista de lo que haces o una víctima de lo que te sucede.*
— *En cada momento puedes elegir entre ser cercano o ser distante.*

— *En cada momento puedes elegir entre ser valiente o ser cobarde.*
— *En cada momento puedes elegir entre ser humilde o ser prepotente.*
— *En cada momento puedes elegir entre ser agradecido o vivir en la queja.*
— *En cada momento puedes elegir entre vivir con esperanza o vivir sin ella.*
— *En cada momento puedes elegir entre vivir con alegría o vivir amargado.*
— *En cada momento puedes elegir entre creer en la magia o no creer en ella.*
— *En cada momento puedes elegir entre sentirte competente o sentirte incompetente.*
— *En cada momento puedes elegir entre ayudar a otros a salir adelante o dificultarles que lo hagan.*
— *En cada momento puedes elegir entre perdonar o acumular resentimiento.*
— *En cada momento puedes elegir entre aprender de los errores o convertirlos en fracasos.*
— *En cada momento puedes elegir entre hacer interpretaciones que te ayuden o hacer interpretaciones que te anulen.*
— *En cada momento puedes elegir entre vivir con fe o vivir sin ella.*
— *En cada momento puedes elegir entre vivir con ilusión y entusiasmo o vivir sin ellos.*
— *En cada momento puedes vivir haciendo predicciones que te inspiren o haciendo predicciones que te hundan.*
— *En cada momento puedes elegir entre tratarte bien o tratarte mal.*
— *En cada momento puedes elegir entre vivir en libertad o vivir en la esclavitud.*

— *En cada momento puedes elegir entre buscar resultados o buscar excusas.*
— *En cada momento puedes elegir entre bendecir o maldecir.*
— *En cada momento puedes elegir entre tener una actitud positiva o una actitud negativa.*
— *En cada momento puedes elegir entre ver a un potencial amigo o a un enemigo.*
— *En cada momento puedes elegir entre mantenerte firme o huir en espantada.*
— *En cada momento puedes elegir entre ver un potencial colaborador o un rival.*
— *En cada momento puedes elegir entre reaccionar o responder.*
— *En cada momento puedes elegir entre ver a un competidor que te ayuda a crecer o ver a un rival al que tienes que vencer.*
— *En cada momento puedes elegir tomarte las cosas de una manera o tomártelas de otra.*
— *En cada momento puedes elegir entre tener una actuación extraordinaria o tener una mediocre.*
— *En cada momento puedes elegir entre ver una oportunidad o solo un problema.*
— *En cada momento puedes elegir entre ver un peldaño o ver un obstáculo.*
— *En cada momento puedes elegir entre ayudar a buscar una solución o empeorar el problema existente.*
— *En cada momento puedes elegir entre prestar atención a los detalles o hacer las cosas de cualquier manera.*
— *En cada momento puedes elegir entre vivir con presencia plena o vivir distraído.*
— *En cada momento puedes elegir entre ver una adversidad o ver una lección.*

— *En cada momento puedes elegir entre amar lo que has de hacer o amar solo lo que te gusta hacer.*
— *En cada momento puedes elegir entre interesarte por lo que les afecta a los demás o interesarte exclusivamente por lo que te afecta a ti.*
— *En cada momento puedes elegir entre abrirte a la aventura o permanecer en tu zona de confort.*
— *En cada momento puedes elegir entre vivir relajado o vivir tenso.*
— *En cada momento puedes elegir entre que sea una delicia estar contigo o que sea un infierno.*
— *En cada momento puedes elegir entre inspirar o hundir.*

Lo que elijamos moverá nuestra vida en una dirección u otra. Por eso, si hace años tomamos decisiones equivocadas que nos han llevado a cómo estamos hoy, hoy podemos empezar a tomar decisiones que nos lleven a donde queremos estar mañana. Lo que uno sabe no cambia la trayectoria vital, si uno sigue tomando el mismo tipo de decisiones.

Espacio para la elección

Es una falacia creer que no puedes elegir porque son las circunstancias las que mandan. Irene Villa, por ejemplo, se vio en la encrucijada de tener que elegir entre vivir resentida, amargada, odiando a los miembros de ETA que la dejaron sin piernas —tras hacer explotar una bomba lapa que habían colocado debajo del coche de su madre— o vivir ilusionada, creciendo, amando. Tanto ella como su madre optaron por lo segundo y el resultado es que son felices e inspiran a muchos otros a serlo. Irene no solo es una mujer maravillosa,

sino que, además, es una extraordinaria madre de familia y una excepcional esquiadora. Su sola presencia y su alegría vital iluminan cualquier espacio en el que se encuentre. A pesar de todas las intervenciones que tuvo que sufrir en sus piernas y de todos los obstáculos que hubo de afrontar para adaptarse a sus prótesis, ella siempre eligió sonreír y confiar. Irene Villa no permitió que fueran la sensación de impotencia o la desesperanza las que dirigieran su vida. Por eso es una extraordinaria campeona.

Cuando caigamos en la cuenta de que cada elección que hagamos, cada decisión que tomemos, tiene la capacidad de abrirnos a todo un mundo de posibilidades, entonces seremos conscientes del poder interior que tenemos. Lo que emerja en un momento determinado no dependerá solo de las circunstancias, de nuestro talento, de nuestro conocimiento o de nuestra experiencia. Lo que emerja dependerá de lo que nosotros elijamos en cada momento. Es precisamente esa elección la que, como dice la física cuántica, colapsa el electrón. Es esa elección la que se convierte por sí misma en una creación. Esa elección es la que «curva la realidad».

El espacio para la elección siempre es un espacio de libertad, y por eso está fuera de los dominios del ego, de esa fuerza que ha suplantado nuestra identidad y que genera reacciones automáticas sin dejar espacio para la libertad de elección. Cuando elegimos responder en lugar de reaccionar es porque estamos habitando en el espacio del Ser. Es ahí donde sucede la magia, porque el espacio del Ser es tierra de milagros, tierra de creación, de sanación y de manifestación. Por eso nos produce sorpresa, sobrecogimiento y gratitud.

Podemos considerar que cómo somos hoy en día es la consecuencia directa de lo que nos pasó, o podemos descubrir que somos como somos por las interpretaciones que hicimos, las decisiones que tomamos y las predicciones que elaboramos cuando nos pasó lo que nos pasó. Este cambio, aparentemente pequeño, es lo que nos permite pasar de víctimas a protagonistas, de un «no tuve otra elección» a «sí pude elegir otra cosa». Quien vive como víctima se convierte en esclavo de sus circunstancias y de su mente reactiva. Quien vive como protagonista va más allá de los confines de su mente reactiva y, por consiguiente, vive en libertad. Cuando somos capaces de comprender con verdadera hondura que nuestra capacidad de elegir es también una capacidad de crear, se abre la puerta a todo un mundo de posibilidades.

Nadie es responsable del dolor que le causó o le causa una determinada situación, un hecho o un comentario. Pero sí somos responsables de la manera en la que decidimos interpretar eso que nos pasa, de las decisiones que tomamos a partir de ese momento y de las predicciones que empezamos a elaborar utilizando nuestra imaginación. De ahí la importancia que tiene, cuando avanzamos por el Camino del Héroe, utilizar un lenguaje positivo, un lenguaje que nos inspire, que nos dé apoyo, que nos transmita confianza e ilusión. En lugar de un «no pude, no puedo y nunca podré», que es el lenguaje propio del ruido mental que emite nuestro ego, necesitamos un mensaje radicalmente diferente:

Querido: tu pasado no determina tu futuro. Eres mucho más que tus errores e incluso que tus aciertos. Triunfarás, no porque lo sepas, sino porque estás decidido a hacerlo. Ánimo, un pequeño paso detrás de otro. Un pequeño paso como lo da alguien que piensa, que sabe y que siente que puede. Atrévete, a pesar de tu miedo, y te sentirás valiente.

El poder del ego

Cualquier acto que favorezca la propia libertad es como un acto de desidentificación del ego y de identificación con el Ser. Por ello, solo cuando se camina con ilusión, confianza, determinación, perseverancia y paciencia en medio del infierno se acaban abriendo las puertas del cielo.

Si en el origen de todo nuestro sufrimiento está el ego, en el origen de nuestra libertad y de nuestra experiencia de felicidad está el Ser. Como el ego es un oponente astuto y poderoso, debemos entender con mayor profundidad dónde radica su poder:

1. En producir una desconexión con nuestro cuerpo como forma de desconexión de la Vida y del mundo real, para mantenernos atrapados en un mundo exclusivamente mental que es el mundo en el que ese ego se maneja a sus anchas.
2. En crear una percepción de la realidad tan limitada y distorsionada que no permite apreciar ni el contexto, ni el alcance, ni la profundidad de lo que está sucediendo en cada momento.
3. En generar una serie de sentimientos con una enorme capacidad para bloquearnos y amargarnos la existencia. Entre esos sentimientos están la culpa, la vergüenza, la soledad, la ira y el miedo.
4. En hacernos creer que el Universo, Dios, es un ente iracundo y pronto a la venganza, por lo que tenemos que estar siempre a la defensiva.

Por todo lo visto, es fundamental aprender a:

1. Reconectar con nuestro cuerpo, estableciendo un nuevo tipo de relación con él y cuidando especialmente nuestro *Hara,* asiento del cerebro entérico y de la microbiota.
2. Observar el funcionamiento de nuestra mente reactiva sin dejarnos atrapar por ella.
3. Desarrollar una mirada amplia, profunda y con alcance.
4. Ser humildes, tener un espíritu aventurero y emprendedor.
5. Mantener una presencia plena estando en el aquí y en el ahora.
6. Vivir en gratitud.
7. Mantener la fe.

La fe es actuar asumiendo o teniendo la certeza de que algo es verdad, a pesar de todas las «evidencias» en contra. Muchas personas pierden su confianza cuando las cosas no salen como les gustaría, y enseguida piensan que, si algo no sale bien a la primera o a la segunda, es porque no puede salir bien. Esto les lleva a abandonar, en lugar de seguir intentándolo de una forma diferente. En ocasiones, ni siquiera intentamos hacer algo cuando lo que queremos no parece fácil de conseguir. De este modo, se suprime por completo el elemento fundamental del éxito, que es la prueba y el error que llevan al aprendizaje.

Por eso es importante recordar que cuando aprendamos a vivir respetando estos siete puntos estaremos conquistando y dirigiéndonos hacia esa libertad, lo que es, también, un gesto de heroicidad. Todo crecimiento sucede cuando uno se mantiene fuera de los límites, a pesar de las fuerzas que intentan retenerlo dentro de ellos. Aquel que no se plante y ceda incrementará el poder de la fuerza opresora, porque si esta presiona más, la persona terminará claudicando.

16
Sí se puede cambiar, pero has de conocer el camino

No son los demás los que pueden definir quién eres

En forma de relato describiré ahora las distintas etapas que se recorren durante el Camino del Héroe. Creo que ello puede servir para que, visualizándolo, se entienda mejor.

En las líneas que siguen, y junto a la parte metafórica, daré una explicación más literal para comprender el proceso que llamamos el Camino del Héroe, que comienza con una llamada al despertar y termina con la vuelta a casa. Durante todo este viaje, la persona reconecta con su verdadera identidad, y por eso transforma su forma de ser y de estar en el mundo.

Como ya vimos, el Camino empieza en nuestra zona de confort, ese lugar que nos es familiar y en el que nos hemos acostumbrado a vivir, en ocasiones, una existencia de callada resignación.

> Vives en un desierto y sobrevives como puedes al calor y a la falta de comida y de agua. ¡Qué le vamos a hacer, no hay otro lugar en el que puedas vivir! Te resignas a esa cruel maldición. Tu cuerpo se ha deformado por el paso del tiempo y ya apenas lo sientes. Ha sido maltratado de tal manera por la temperatura y la escasez que ya casi ni lo reconoces, y por eso decides olvidarte de él y vivir únicamente en tu cabeza. Todavía anhelas que sea esta la que pueda sacarte de ahí. Te pasas el tiempo dándo-

le vueltas a cómo puedes salir de ese desierto, de ese infierno, y así pasas las horas, los días, las semanas, hasta que ya no puedes más. ¡Vaya, qué lástima! En esto consiste la vida. Solo hay una opción para ti, la resignación.

Con esta primera escena he intentado reflejar el estado en el que se encuentran muchas personas, un estado de pura supervivencia. La vida es percibida como una prueba cruel y no como un excepcional regalo. El desierto, el calor, la falta de comida y de agua no son literales, sino que desempeñan una función metafórica. La escena podría representar la sensación de que nuestra vida no tiene un sentido claro. Una persona puede estar rodeada de riquezas y sentirse por dentro completamente vacía, sin rumbo, sin entusiasmo, sin alegría.

También hay personas que se han acostumbrado a estar con otras que las maltratan y acaban resignándose a esa dinámica como única opción de vida. Para ellas no hay otra posible.

Desde la época moderna, hemos extremado el peso que le damos al razonamiento y nos hemos desconectado de nuestro cuerpo. Por eso es raro que alguien sepa que, en esa ansia de libertad, de salir de tan inhóspito desierto, el cuerpo desempeña un papel esencial.

Todos recibimos una llamada a transformarnos, a salir de esa prisión, pero muchos la acallan por miedo a lo desconocido, a lo que no pueden controlar. Sin embargo, algunos seres humanos sí escuchan la llamada y deciden seguirla.

> En tu interior anhelas que suceda algo mágico que te ayude a escapar del desierto. Has padecido mucho, aunque no siempre lo hayas expresado, y has llegado a un punto de profunda insatisfacción inspiradora. Estás harto de estar harto, pero no sabes por dónde empezar. Comienzas a moverte, a caminar sin rumbo y, al poco, tus pies golpean algo que está parcialmente tapado por la arena. Es una botella de cristal que contiene un papel en su interior. Lo sacas y lees el mensaje que hay escrito.

«Hay un mundo más allá de lo que ahora puedes percibir. Atrévete a seguir andando hasta que llegues a los confines de este desierto, de este mundo en el que vives».

En esta fase, la persona, cansada de soportar la sensación de falta de ilusión, de desánimo, o, simplemente, harta de ser tratada de una forma humillante, decide hacer algo, ponerse en marcha, empezar a caminar. Se ha producido una primera ampliación de su estado de consciencia y se ha dado cuenta de que así no puede continuar. Es en este momento cuando aparece el primer recurso, que en este caso está representado por el mensaje de la botella.

En el mundo real, estos recursos se manifiestan, o bien en forma de información valiosa que llega a nuestras manos, o bien en forma de intuición, o bien, incluso, de ayuda inesperada.

Ahora llega el momento de cruzar el primer umbral y adentrarse en un mundo completamente desconocido.

Aunque no entiendes lo que significa el mensaje, sigues andando, sigues buscando, sigues moviéndote. Miras hacia atrás y sientes la angustia de dejar esa parte del desierto en la que vivías, porque, al menos, de vez en cuando encontrabas un árbol que, aunque estuviera medio seco, al menos te daba algo de sombra.

Ahora no hay árboles y ni siquiera crees que los vuelvas a encontrar. Tu cuerpo se va deformando cada vez más hasta que, de repente, encuentras otra botella que contiene un segundo mensaje:

«Tu cuerpo no solo sirve para desplazar tu cabeza, sino que es mucho más. Si quieres descubrir lo que él puede hacer para transformar tu vida, lejos de seguir ignorándolo, has de prestarle atención. Mira a lo lejos y verás una alta montaña. Haz que tu cuerpo refleje la serenidad, la solidez y la presencia de esa montaña, y algo nuevo se abrirá para ti».

Sin entender muy bien por qué, haces lo que el mensaje te dice que hagas. Estiras tu cuerpo y sientes cómo tus pies se hunden en la arena y tu cabeza se alza como si quisiera tocar ese cielo que hay sobre ti. En este momento percibes que todo empieza a cambiar.

Cuando cruzamos el primer umbral, dejamos atrás el mundo conocido y entramos en otro desconocido. Hemos escuchado la llamada a recorrer el Camino del Héroe y ahora nos encontramos en una especie de «tierra de nadie». Dada la atracción que tenemos de volver a lo familiar, este es un momento de especial dificultad, porque todos tendemos a «embellecer» el mundo que dejamos atrás y nos olvidamos de cómo nos sentíamos antes.

Al cruzar el primer umbral entramos en el mundo del inconsciente. Por eso nuestro cuerpo empieza a mostrar la tensión que hay acumulada en él. Lejos de luchar contra esa tensión o de intentar negarla, lo primero es sentirla plenamente. Después permitiremos que el cuerpo, poco a poco, se vaya relajando, prestando atención a las sensaciones que provienen de él. Después, tomamos como referencia la montaña para generar el tipo de presencia corporal y mental que necesitamos para cruzar el segundo umbral, que es el que nos llevará a encontrarnos con nuestros demonios y nuestras heridas.

> Acabas de cruzar el segundo umbral y te encuentras con una tormenta de arena que te asusta y que parece que quiere impedirte avanzar. Te cuesta mantener tu cuerpo erguido ante el embate de la arena. Apenas puedes distinguir por dónde avanzas y te sientes perdido. De nuevo distingues algo en el suelo, una tercera botella de cristal. Sacas el papel que hay en su interior y que contiene un nuevo mensaje:
>
> *«Suceda lo que suceda, te encuentres con lo que te encuentres, mantén tu cuerpo erguido, sereno, relajado.*
>
> *Suceda lo que suceda, te encuentres con lo que te encuentres, mantén una respiración profunda, lenta y tranquila.*
>
> *Suceda lo que suceda, te encuentres con lo que te encuentres, no ataques, no te pongas a la defensiva, no eches a correr. Mantente firme donde estás. Saca la fuerza*

del guerrero pacífico que hay en ti. Tu presencia es la mejor expresión de tu verdadero poder.

Suceda lo que suceda, te encuentres con lo que te encuentres, piensa que más allá del aspecto de eso que te encuentres, por terrible que sea, se esconde una extraordinaria oportunidad y, por eso, en lugar de resistirte, primero mantente sereno y firme, y después, abrázalo».

Desconcertado por el mensaje, sigues andando hasta que tus pies se paran en seco, porque ves que delante de ti hay un grupo de hienas que te muestran sus afilados colmillos. Súbitamente, todo tu cuerpo se tensa, notas cómo la cabeza se te nubla y sientes un deseo imperioso de huir. Sin embargo, el mensaje que acabas de leer resuena con fuerza dentro de ti. Tu cuerpo se expande, se yergue y se relaja. Renuncias a cualquier ataque o huida y consigues mantenerte firme ante la presencia de las hienas. El guerrero que hay en ti no se ha dejado amedrentar.

De repente, las hienas desaparecen y ves salir de una oscura cueva a un niño con grandes deformidades en su rostro y en su cuerpo. De nuevo resuena la fuerza del mensaje y te mantienes centrado, abierto y cercano. Te acercas lentamente con los brazos extendidos hacia ese niño que intenta ocultar sus deformaciones.

Al sentir tu cercanía, el niño extiende sus brazos hacia ti, porque solo quiere sentir tu caricia, tu ternura, la calidez de tu corazón. Cuando lo abrazas, se transforma en un río por el que puedes navegar y encontrar peces para calmar tu hambre y agua para apagar tu sed.

Poco a poco te vas sintiendo más fuerte. Es como si tu cuerpo se vigorizara y se fuera recuperando de la desnutrición y deshidratación que padecía cuando vivías en el desierto. Ese río se ha convertido en una fuente de posibilidades insospechadas. Ya estás viviendo en otra realidad. Una realidad que te ofrece

frescor y alimento, y que, además, calma tu sed. ¿Dónde estaban estos recursos a los que no podías acceder cuando vivías en aquel tórrido desierto?

Ha llegado el momento de cruzar el tercer y último umbral.

Cuando se traspasa el segundo umbral, nos encontramos con esas hienas de afilados colmillos, que son nuestros demonios interiores. Aquí es donde debe salir el arquetipo del guerrero, para mantenerse firme y no dejarse amedrentar. Solo si no te resistes, no atacas, no huyes y no te bloqueas, aparecerá el niño herido, un niño que no se veía ni valioso ni digno de ser amado. Es entonces cuando el arquetipo del mago, al abrazarle, lo sana.

Sigues navegando por el río y ves otra botella con un mensaje en su interior:

> *«Ahora vas a conocer el lugar donde se originó la vida, la energía que es capaz de crear, de sanar, de transformar, de convertir lo imposible en lo posible. El lugar donde no hay dualidad. El espacio donde todo es unidad».*

Cuando cruzamos el tercer umbral, la consciencia se integra plenamente y se supera el mundo de la dualidad. La consciencia, ahora expandida, experimenta nuevas percepciones y es capaz de llevar a cabo nuevas acciones creadoras que previamente se consideraban imposibles. Ha aflorado la verdadera identidad. El personaje ha dado paso a la persona, que se expresa ahora en todo su esplendor. Se ha producido el auténtico despertar.

Es evidente que el Camino del Héroe está lleno de exigencias y nos plantea retos ante los cuales nos podemos sentir

pequeños e impotentes. Por eso tienen tanta importancia los guardianes. Los guardianes son esas personas, imágenes y símbolos que desempeñan las siguientes funciones:

1. Retarnos para que no desempeñemos más el papel de víctima. Recordemos que cuando usamos la palabra «víctima», hablamos de alguien que se encuentra en un estado mental de impotencia y desesperanza frente al reto al que se enfrenta. Quien asume el papel de víctima considera que nada de lo que haga puede marcar una diferencia, por pequeña que sea. Esto contrasta con la persona que adopta un papel de liderazgo y cree que lo que diga y haga sí marca una diferencia. En la palabra «líder», la raíz, *lid,* proviene del lenguaje indoeuropeo y expresa la capacidad de cruzar el umbral de la transformación. Por ello, los verdaderos líderes son aquellas personas que se atreven a recorrer el Camino del Héroe y logran que aflore su mejor versión. También son ellos los que pueden realizar la mayor contribución en este mundo.
2. Ayudarnos a descubrir quiénes somos en realidad.
3. Recordarnos que recorrer el Camino del Héroe, por difícil que nos parezca, sí es un viaje posible.
4. Ofrecernos inspiración, conocimiento y estrategias para avanzar con éxito por dicho camino.
5. Acompañarnos y darnos apoyo en los momentos difíciles, esos que se nos hacen más cuesta arriba.

En el relato que hemos utilizado para describir cómo pasamos del desierto al Infinito Mar, los guardianes son esas cuatro botellas que contienen mensajes y que han ido apareciendo para ayudarnos a hacer frente a la dificultad. Si recordamos, esos mensajes nos han impactado profundamente.

Los guardianes son capaces de movilizar sensaciones muy hondas en nuestro interior. Determinados mensajes, metáforas, imágenes, símbolos, espacios naturales, arquetipos y personas tienen ese poder, el de despertar algo dentro de nosotros e inspirarnos de una forma única. Su contribución en nuestra vida puede ser enorme. Los guardianes nos ayudan a abrirnos a ese mundo que está más allá de nuestra oscuridad, más allá de nuestra propia ceguera.

En mi caso, la imagen de un águila con sus alas desplegadas y volando por encima de un precioso bosque me ayudó a seguir adelante en momentos profesionales y personales difíciles. La presencia de los guardianes es vital si tenemos en cuenta que, al recorrer el Camino del Héroe, estamos transformando nuestra forma de ser y de estar en el mundo. La oruga se convierte en mariposa, y el pollo en una majestuosa águila. Hablamos de la creación, de la emergencia de algo nuevo.

Si no supiéramos nada sobre la metamorfosis, nos resultaría imposible predecir, imaginar, sospechar que de una oruga que se arrastra pueda surgir algo tan bello como una mariposa, que además es capaz de volar. Cuando recorramos nuestro Camino del Héroe, nuevas capacidades emergerán y una nueva percepción de uno mismo, de los demás y del mundo podrá por fin ver la luz. El pollo descubrirá quién es en realidad, un águila, y no tendrá que vivir más tiempo ni encerrado ni asustado. Al mirarse reconocerá unos fabulosos recursos que estaban ocultos: sus formidables garras, su afilado pico, su extraordinaria vista y su maravillosa capacidad de volar. Por fin, aquel pollo que tenía miedo de la libertad ama esa misma libertad, una libertad que le invita a explorar lo que existe fuera del corral, un mundo de infinitas posibilidades y extraordinarias oportunidades. El águila soñaba que era un pollo y necesitó despertar para reconocer quién era en realidad.

Por ello, los guardianes son fundamentales para que se produzca el despertar. El Camino del Héroe es ese camino que nos lleva del sueño al despertar.

Todos nosotros, sin excepción, nos enfrentamos a desafíos cuya envergadura nos asusta porque nos sentimos incapaces de hacerles frente. Simplemente, creemos que nos superan. Sin embargo, a pesar de sentirnos pequeños y de sentir ese profundo miedo, cuando dejamos que emerja nuestra alma de guerrero y decimos «sí» a esa llamada a transformar nuestra forma de ser y de estar en el mundo, empiezan a aparecer esos recursos en forma de inspiración, intuición, circunstancias propicias y ayuda inesperada.

Es importante que, cuando digamos «sí» al reto, lo hagamos con la confianza de que algo inesperado va a suceder, que algo nuevo va a emerger. Aquí radica el valor de aceptar el desafío, de relacionarnos con él, no como si fuera una desgracia o una pesadilla, sino como una oportunidad vestida con un disfraz de Halloween.

17
QUE LA FUERZA ESTÉ EN TI

Cuando tenemos enfrente una gran oportunidad

Hace tiempo leí una curiosa historia acerca de un hombre sabio que caminaba por una aldea con las manos metidas en los bolsillos de su abrigo.

—Buen hombre, ¿por qué llevas las manos metidas en los bolsillos? —le preguntó uno de los habitantes de la aldea.

—Porque guardo ahí mis posesiones más valiosas y me gusta tocarlas, sentirlas, tenerlas siempre presentes —contestó el sabio.

—¿Serías tan amable de enseñarme esas posesiones que tanto valoras?

—Mira, en mi bolsillo derecho llevo una carta que me recuerda que yo soy el Universo Infinito, y en el bolsillo izquierdo, otra que me recuerda que tan solo soy una mota de polvo. Lo que para mí es esencial es saber en qué momentos de mi vida he de sacar y leer cada una de ellas.

Cuando cruzamos el tercer umbral, nos abrimos a aquello que está más allá de los límites tanto de nuestra razón como de nuestra mente individual. Por eso a este proceso lo llamamos trascender. Acabamos de penetrar en la mente del Universo.

Numerosas disciplinas orientales, como el yoga, el tai chi, el qi gong o el reiki, buscan conectar con esa energía que se conoce como «no herziana». El productor George Lucas, tan interesado en los trabajos de Joseph Campbell, a quien, como dijimos, se debe el concepto del Camino del Héroe, habla de esta energía en la serie *Star Wars* y se refiere a ella como «la Fuerza»; de ahí que en numerosas ocasiones los personajes de sus películas usen expresiones como estas:

Que la Fuerza esté en ti.
Que la Fuerza te acompañe.

Los héroes de la saga saben que si la Fuerza les acompaña, si está en ellos, serán capaces de actuar de una forma confiada, sabia y creativa. También saben que esa Fuerza les aporta los recursos necesarios para hacer frente a cada situación: se trata de mantenerse conectado a ella, sobre todo en momentos de desafío y de prueba.

Pero recordemos que para conectar con la Fuerza hay que cumplir una serie de requisitos:

— Escuchar y decir «sí» a la llamada al desafío, a la aventura, a salir de nuestra zona de confort, del mundo conocido, para penetrar en un mundo nuevo y desconocido.
— Mantenerse centrado, sentir la conexión profunda con nuestro cuerpo, con la sabiduría somática, con nuestro *Hara.*
— Encontrarnos con nuestros demonios y nuestras heridas sin ofrecer resistencia. No rechazarlas, aceptarlas y abrazarlas para que se produzca la sanación y la transformación.

— Estar dispuestos a abrirnos al Misterio, a aquello que todo lo abarca, que todo lo sustenta y que todo lo supera.

Este campo de posibilidades infinitas se abre a través del encuentro con nosotros mismos, con los demás y con la naturaleza. Recordemos que el encuentro es lo opuesto a la división.

Para que se produzca un verdadero encuentro entre otra persona y uno mismo, hay que evitar enjuiciar a esa persona y, sobre todo, nunca maldecir el hecho de haberla encontrado.

También es importante estar conectados con nuestro cuerpo, con nuestro *Hara,* y abiertos a sus mensajes. Además, es esencial mantenerse plenamente presentes ante esa persona sin atacarla, sin defendernos, sin huir, sin bloquearnos y sin adoptar una posición sumisa. Nuestra mirada ha de buscar lo que está más allá de sus palabras, de su tono y de sus actos. Por eso es tan importante que evitemos reaccionar frente a ese «demonio» que podría expresarse por medio del ataque o la defensa. Si mantenemos nuestra presencia plena, aceptando aquello como perfecto y necesario, algo nuevo puede suceder o emerger, y en la otra persona aparecerá aquel niño herido que tan solo quiere sentirse escuchado y comprendido en su inmenso dolor.

Si fijamos nuestra atención en ese niño herido, sus heridas empezarán a sanar. La razón de que esto suceda es fácil de explicar. Nadie prestaría una atención plena a alguien por quien no sintiera un verdadero interés o a quien no valorara. Con esto basta para que se produzca la magia de la sanación, la alquimia, que no es sino la química del alma.

Cuando esto se produce y la persona herida sana, tiene lugar una conexión con ese Espacio Infinito, que es fuente de toda posibilidad. A partir de ese momento emergen una asombrosa creatividad y una nueva perspectiva desde donde mirar el conflicto que había dado lugar al desencuentro.

Recordemos que este Océano Infinito de Consciencia es capaz de transformar cualquier fuerza destructora en una fuerza constructora. De la misma manera que el Camino del Héroe nos lleva a convertirnos en magos que transforman las energías negativas en positivas, ese Campo Cuántico, ese Universo Infinito, es capaz de hacerlo, pero elevado a una potencia infinita, provocando un impacto mucho mayor que el que se habría logrado individualmente. De ahí la conocida frase:

Si el Universo está contigo, ¿quién estará contra ti?

Al hacer frente a energías negativas, como la ira, los celos, el miedo, la culpa, la envidia, la sensación de impotencia o la desesperanza, es frecuente que nos sintamos atrapados por ellas. Sin embargo, el mago puede actuar sin que eso ocurra. De esta manera es posible que se produzca la transformación. Del espacio abierto que se crea al abrazar esas emociones sin quedar atrapado en ellas emerge su poder sanador y transformador. Ese mismo espacio es el que nos invita a despertar.

Recordemos que nuestro Camino del Héroe comenzó como una llamada a superar nuestro mundo dualista, un mundo de división. Ese Océano Infinito de Consciencia es un Universo unido y, por tanto, trasciende la materia, el tiempo y el espacio. Cuando estamos en contacto con el campo cuántico, con esa Consciencia Universal, el enfrentamiento desaparece, la división se supera y las rivalidades se transforman en encuentro. Por supuesto, todos tenemos que vivir en este mundo de materia, tiempo y espacio, pero nos relacionaremos con los opuestos de una manera completamente diferente, sobre todo porque hemos visto que la oposición es solo una dimensión de la realidad. Quien se ve como oxígeno y sabe que, si se une con el hidrógeno, emergerá esa agua que supera toda división y que es fuente de vida, reconocerá que el hidrógeno es distinto a él, pero no lo verá distante, y por eso buscará el encuentro.

La invitación es, por tanto, a que aceptemos tanto los momentos de alegría como los de tristeza, los momentos de confianza como los de miedo, los momentos de ilusión como los de desesperanza, los momentos de satisfacción como los de dolor, y transformarlos en crecimiento, en mejora, en evolución. En eso consiste el peregrinaje que es la Vida.

Cuando se recorre el Camino del Héroe y se vuelve a casa, la transformación que ha tenido lugar se percibe en que la vida ordinaria se experimenta de una forma extraordinaria. Es un *estar* en el mundo sin *ser* del mundo.

Lo que nuestro «viaje a Ítaca» nos ha enseñado es que todos estamos en este mundo para algo mucho más profundo que para buscar el placer y huir del dolor. Estamos en este mundo no para sobrevivir, sino para vivir; no para sentirnos atrapados en sentimientos de impotencia y desesperanza, sino para estar impulsados por la alegría, el entusiasmo y la confianza. Todos estamos aquí para vivir no en función de nuestras capacidades aparentes, sino de acuerdo a nuestras capacidades reales. Estamos en este planeta no para ser esclavizados por los apegos y las aversiones de nuestro ego, sino para vivir en libertad. Estamos aquí para sanar nuestras heridas, expresar nuestro don, mejorar el mundo y vivir en plenitud. Cuando avanzamos por la vida con el espíritu de un héroe o de una heroína, descubriremos que la felicidad se halla no solo al llegar al destino, sino al recorrer el camino.

Hay momentos en los que nos sentimos cansados, agotados, confusos, irascibles, pequeños, impotentes, desarraigados, incapaces de pensar con claridad, hartos, culpables... Es entonces cuando nos parece imposible seguir adelante, mantenernos firmes y persistir. Sin embargo, es fundamental hacerlo, porque se están tocando los límites de una mente condicionada que encierra, esclaviza y somete. Los patrones mentales automáticos que atrapan al cuerpo, a la mente y al alma se han activado para obligarnos a renunciar a nuestro anhelo de libertad, para que nunca crucemos, como hizo Alejandro Magno, nuestra propia cordillera del Hindukush. Es como si alguien nos dijera: «Quiero que bailes al son de la música que yo toco». Y nosotros, como si fuéramos simples marionetas, obedeciéramos.

Sin embargo, ese baile, lejos de aportar alegría, nos trae miseria. Lejos de generar encuentro, provoca desencuentro.

Lejos de propiciar abundancia, produce escasez. Lejos de generar descubrimiento, avance y superación, da lugar a estancamiento y deterioro. Lejos de ayudar a otros, los daña, los perjudica. Lejos de crear un mundo lleno de posibilidades, lo cierra por completo. Nuestro mayor oponente pretende tiranizarnos y obligarnos a hincar la rodilla ante él. Quiere que le aceptemos como nuestro amo y señor, y lo consigue cuando, aunque protestemos, obedecemos.

Es precisamente cuando más notamos esa incomodidad tan familiar cuando más tenemos que decir «sí», y lanzarnos con serenidad, confianza y entusiasmo en busca de nuestra libertad.

Por todo ello, porque uno se ve precisamente dentro del infierno, es por lo que debe mantenerse firme («de aquí no me muevo»), sólido («defiendo mi territorio, defiendo mi libertad») y sabio («hay más en juego de lo que parece»). Para avanzar lo primero es no retroceder. Cada vez que superamos uno de estos límites, que muchas veces nos parecen insuperables, estamos dando un paso hacia nuestra libertad.

¿Cuál es la incomodidad que estoy dispuesto a soportar a cambio de descubrir lo que es verdad? ¿Estoy dispuesto a llegar hasta al final, o me retiraré ante las críticas y los obstáculos que me encuentre?

Lo cierto es que no solo es deseable no huir de esos límites, sino que debemos ir a buscarlos. Cuando notemos el peso de la prueba que cuelga como un lastre de nuestra espalda, lejos de tirar de él con una mezcla de resignación y apatía, hemos de sonreír, mostrar gratitud y avanzar con entusiasmo y confianza, sin importar lo mucho que nos pese y lo poco que avancemos. Lo importante es el espíritu, el ánimo que llevemos a la lucha. Precisamente porque esta disposición, esta actitud, se aleja de lo que parece lógico, es por lo que debemos hacerlo. Se trata de transformar la presión en poder interior. Solo así se alcanza la verdadera libertad, que tiene mucho más que ver con vivir de acuerdo con nuestras decisiones que con nuestras emociones. No hay mayor conquistador que quien se conquista a sí mismo.

Sentirse mal no tiene ningún beneficio. Sentirse mal es incómodo y desagradable. Sentirse mal lo hace todo más difícil y penoso. Sentirse mal nos fatiga y nos distancia de los demás. Sentirse mal merma nuestras capacidades y evita que podamos experimentar prosperidad. En la mayor parte de las ocasiones, sentirnos mal es un castigo absurdo que nos imponemos a nosotros mismos y frente al cual nos parece que no tenemos elección. Sentirse mal o sentirse bien, por increíble y contraintuitivo que nos parezca, es una decisión, porque los sentimientos no son reacciones, sino creaciones.

18
El poder de transformar

Progresar es resolver los problemas pensando con creatividad

Decía Joseph Campbell que el final del Camino del Héroe es el descubrimiento de la compasión. La compasión no es sino el amor en acción. No tenemos más opción que cuidarnos unos a otros si queremos crear una sociedad más humana y mejor. El altruismo, que significa «amor gratuito global» —es decir, un amor sin condiciones ni límites—, es la solución a todos los problemas del mundo. La inhibición interior que muchas veces hacemos de este amor genera daño en nuestro organismo y favorece que aparezcan emociones destructivas, como el resentimiento, el miedo, la ira, la ansiedad, la soledad, la frustración, la culpa, la vergüenza o la depresión. Es como si buscáramos activamente desconectar de esa llamada profunda a cuidarnos y querernos. Si estamos verdaderamente dispuestos a ir al origen de esta negación para descubrir cómo podemos superar los obstáculos y cultivar en nuestro interior ese amor gratuito, global e incondicional, descubriremos nuevas posibilidades para generar un impacto profundo en el mundo.

Todos necesitamos una ampliación de nuestro nivel de consciencia para llevar luz donde habita la obscuridad y para llevar compasión —en acción— y perdón donde habitan el resentimiento y el rencor. Nuestra naturaleza más profunda es luz y es amor, pero vivimos muy alejados de ellos. Nuestra manera de pensar y de sentir da lugar a una percepción profundamente distorsionada de la realidad, una percepción que, además, está llena de puntos ciegos que nos impiden reconocer la existencia de innumerables opciones y oportunidades para mejorar nuestras vidas y las de otras personas.

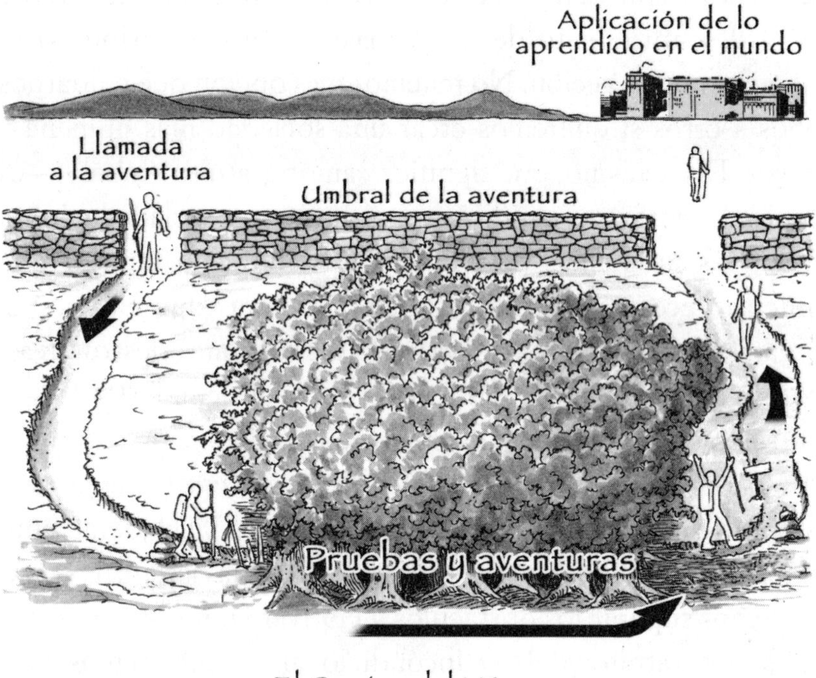

El Camino del Héroe

Necesitamos calmar nuestra mente, llevarla a un estado de quietud, para que cuerpo, mente y alma se armonicen. A todos nos gustaría sentirnos bien, pero, activamente, buscamos sentirnos mal, aunque esto nos pueda parecer absurdo. En el budismo tibetano, cuando se habla de emociones se hace referencia a estados concretos de la mente. En los estados disfuncionales de la mente —que están en el mismo origen del sufrimiento humano— observamos la existencia de un apego absoluto, una identificación total con algo que en realidad no somos, pero que se proyecta en el mundo que vemos. Tenemos que ser conscientes de que esta identificación y esta proyección suceden sin que nos demos cuenta, es decir, ocurren más allá de nuestra autoconsciencia.

Nuestro pasado sigue expresándose en las emociones que tenemos hoy. Yo hoy me siento como me siento porque estoy recreando como me sentí. El pasado se «cuela» en el presente y se proyecta en el futuro. Por eso hemos de diferenciar entre emociones constructivas, o funcionales, y emociones destructivas, o disfuncionales. Las primeras están al servicio del amor, mientras que las segundas actúan en su contra y a favor del miedo.

Para ponernos al servicio del amor debemos entrenar la mente mediante el cultivo de la quietud. También debemos entrenar el corazón mediante la amabilidad, el respeto, la empatía, la compasión y la capacidad de perdón. Nuestro grado de quietud mental y el nivel en el que nuestro corazón ha despertado a la experiencia del amor se reflejarán en nuestra fisiología, en nuestro rostro y en nuestras palabras.

Todas las emociones destructivas emergen de una única emoción, que es el miedo. Hay como una capa de suciedad que tapa la esencia de lo que somos; de ahí que nos cueste tanto reconocerlo.

Una emoción constructiva es una emoción saludable, mientras que una emoción destructiva no lo es. La misma emoción, cuando emerge del miedo, tiene un efecto completamente diferente del que aparece cuando surge del amor. Es la forma en la que se expresa esa emoción lo que marca la diferencia. Así, por ejemplo, la ira, cuando emerge del miedo, busca herir a esa persona que nos ha tratado injustamente. Sin embargo, cuando nace del amor, se dirige a parar los pies a la injusticia, expresando indignación.

Por tanto, las emociones no son meras reacciones a lo que sucede fuera de nosotros, sino que son *creaciones* que hacemos en respuesta a lo que *vemos* que sucede fuera de nosotros. Pero insistamos una vez más: no ve lo mismo quien mira a través del miedo que quien mira a través del amor. A través del miedo vemos a alguien culpable y, por tanto, merecedor de castigo; cuando miramos a través del amor, vemos que se ha cometido un error que necesita no tanto un castigo como una corrección.

Vemos la realidad a través de nuestra forma de pensar, de nuestras creencias, interpretaciones y supuestos, y reaccionamos ante lo que proyectamos, aun cuando no seamos conscientes de ello. Por eso es fundamental preguntarse por el grado de certeza que uno tiene acerca de lo que ocurre.

No somos conscientes de que la compasión y el amor gratuito forman parte del estado natural de la mente y, además, suponen una ventaja competitiva desde el punto de vista de la evolución. En realidad, y por sorprendente que nos parezca, los seres humanos no tenemos que entrenarnos para ser compasivos y amar de manera gratuita. Somos así por naturaleza. Lo que tenemos que hacer es despejar los obstáculos que impiden que emerja nuestra naturaleza esencial. Porque la auténtica felicidad es la experiencia de vivir conectados con nuestra verdadera naturaleza.

Gran parte de la violencia que hoy vemos en el mundo es consecuencia de la proyección de nuestro miedo en los demás, un miedo que se nos devuelve en forma de hostilidad. Es como pensar que la mejor defensa es un buen ataque, dando por hecho que seremos atacados. Por eso, la retirada de las defensas puede convertirse en la mejor protección, ya que cualquier acto defensivo es el resultado de una percepción de ataque, que es interpretado por la otra persona como si la estuviéramos atacando. Es la diferente manera de mirar lo que origina los conflictos.

Nuestras emociones destructivas pueden expresarse a través de múltiples caminos, como el enfrentamiento ideológico o cultural, o la misma desigualdad. Superar este tipo de emociones requiere mucho más que una simple comprensión intelectual, ya que están encriptadas en nuestro propio cuerpo, en los músculos, en las vísceras, en la sangre y en las propias células. La ira, el resentimiento, el miedo, la culpa y la vergüenza se hallan encriptadas en la anatomía, en la fisiología, en la histología y en la bioquímica de nuestro organismo. Emergen de un trauma y, a su vez, son la reacción a dicho trauma.

Las emociones, sean constructivas o destructivas, son formas de energía, y esta, aunque no puede ser ni creada ni destruida, sí puede ser susceptible de ser bloqueada, o bien de dejarla fluir. Es por esto por lo que la ira, el resentimiento, el miedo, la culpa o la vergüenza deben ser metabolizados. Metabolizar ciertas emociones en muchos casos requiere pasar por un proceso de duelo, en el que primero negamos los traumas, después, al contemplarlos, nos generan un *shock* que nos obliga a transitar por la ira, la tristeza y el miedo, hasta que finalmente llega la aceptación que precede a la sanación.

Debemos transitar rápidamente por ese proceso para reconectar con la alegría, el júbilo y la paz interior que existen dentro de cada uno de nosotros. En ocasiones pretendemos

Proceso de duelo

metabolizar esas emociones tóxicas y sanar los traumas sin recorrer el camino más importante, el del perdón y la confianza, que son los sentimientos que realmente liberan. Si lo hacemos así, parecerá que avanzamos, pero nuestra propia expresión facial, nuestro propio lenguaje y nuestro clima interno seguirán transmitiendo dolor, tristeza y pesar.

19
Seis secretos para ser más feliz

Lo creativo es disruptivo

Exploremos ahora una serie de prácticas sencillas que complementan lo visto hasta ahora. Estas prácticas serán de gran ayuda para avanzar en nuestro camino del despertar.

1. *Gestiona tu expresión facial y gestionarás tus emociones.* Durante una semana, haz lo posible para sonreír a las personas con las que interactúes, incluso a quienes no te caen bien o no te devuelven la sonrisa.

2. *Usa tu diálogo interior para apoyarte y no para anularte.* No utilices contigo un lenguaje negativo y autolimitante. Para evitar este tipo de diálogo, imagina que estás ante una charca de agua tóxica y que hay una piedra en medio de ella. Si das dos saltos, uno para situarte sobre la piedra y otro para saltar desde ella, podrás superar esa charca llena de toxicidad y salir indemne. A continuación, te explicaré en qué consisten esos dos saltos necesarios para superar el obstáculo:

Primer salto: hazte preguntas que te inviten a la observación:

a. *¿Qué noto en mi cuerpo?*
Durante un minuto, solo observa. Por ejemplo: «Siento una opresión en el pecho», «Percibo tensión en el cuello», «Siento una gran tensión en mi mandíbula»...
b. *¿Qué es lo que siento?*
Por ejemplo: «Tengo miedo», «Estoy preocupado», «Me noto desesperanzado», «Siento angustia»...
c. *¿Qué me estoy diciendo a mí mismo?*
Por ejemplo: «No valgo nada», «Este mundo es injusto»...

Segundo salto: se trata de hacer lo mismo, pero desde una perspectiva diferente. Solamente quien cambia la perspectiva puede ver cosas distintas:

a. *¿Qué me podría decir a mí mismo para sentirme mejor?*
Por ejemplo: «Hay veces que me han salido bien las cosas en mi vida. ¿Por qué no va a ser esta una de ellas?».
b. *¿Qué empiezo a sentir?*
Por ejemplo: «Me siento menos enfadado y menos frustrado».
c. *¿Qué noto en mi cuerpo?*
Por ejemplo: «La tensión en la mandíbula ha bajado y el cuello se ha relajado un poco».

d. *¿Cuál es el primer paso que ahora me siento más capaz de dar?*
Aunque sea pequeñito, dalo. Pasito a pasito, podrás mejorar tu vida hasta niveles insospechados.

3. *Recarga las pilas o acabarás en el cubo de la basura.* Actualmente, la reacción de estrés está permanentemente activada en un gran número de personas. Con frecuencia tenemos miedo al ser conscientes de la incertidumbre en la que vivimos. Esa tensión, esa carga alostática que se va acumulando cuando estamos estresados de una manera constante, nos hace perder eficiencia, nos vuelve irritables y puede llevarnos a enfermar. Para evitar que se acumule esa carga tóxica necesitamos realizar una serie de ejercicios. Lo ideal es hacerlos cada dos o tres horas a lo largo del día y, además, favorecerá que durante la noche durmamos mejor.

   a. Haz diez respiraciones profundas por la nariz mediante las cuales se expanda el abdomen, expirando por la boca. La expiración ha de ser ligeramente más larga que la inspiración.
   b. Aprieta con fuerza los puños durante unos treinta segundos, y, a continuación, libera bruscamente la tensión.

Además de estas prácticas, recomiendo otras dos. La primera deberías hacerla todos los días y la segunda, cuando sientas emociones que te roben la paz interior:

a. Camina diez minutos, tres veces al día, de forma que el corazón y la respiración se aceleren de una forma suave y progresiva.

b. Coge una hoja de papel pequeña y escribe las emociones que sientes (odio, miedo, ira...). Cuando termines, rómpela y tírala. Después, en una hoja grande escribe cómo quieres sentirte y guárdala. Cuatro veces al día recuerda esas palabras.

4. *Nadie tiene tanta influencia en ti mismo como tú.*
Hay una forma sencilla y eficaz para influir positivamente en uno mismo y contrarrestar el ruido interior que tanto sufrimiento genera: practica el agradecimiento como mínimo durante una semana, tres veces al día y durante cinco minutos. Se trata de llevar la atención a lo que en tu vida funciona, a aquello que te ayuda, y sentirlo. Utiliza sensaciones, sentimientos e imágenes, ya que el pensamiento por sí solo es menos eficaz. Es especialmente beneficioso que una de las veces sea por la noche, que es cuando la memoria se reconstruye. De modo que, antes de dormir, da las gracias por todo lo bueno que tienes en tu vida.

5. *Si lo puedes imaginar, lo puedes crear.*
Es muy difícil que puedas conseguir algo si no eres capaz de imaginarlo. Si visualizas una situación que quieres vivir y la sientes, estarás induciendo un estado emocional que puede modificar la conexión entre tus neuronas. ¿Cómo conseguirlo? Plantéate cuál es tu reto de ese día e imagina la manera en la que te gustaría hacerle frente. Puedes cerrar los ojos para que el ejercicio sea aún más efectivo. Siente la ilusión, la serenidad y la confianza a medida que te aproximes a ese reto que es la gran oportunidad para crecer y evolucionar como persona.

6. *No hay felicidad sin el otro.*
   Por la mañana, al levantarte, decide que una de tus prioridades para este nuevo día será aliviar la carga de una persona (regalar una sonrisa, ver en qué la puedes ayudar...). Notarás los beneficios también en ti.

20
Preguntas que nos cambian la vida

Si no tuvieras miedo, ¿qué te atreverías a hacer?

Quiero dedicar este capítulo al arte de hacernos preguntas, fundamental tanto en los procesos de *coaching* como en la vida en general.

Hay preguntas que nos mantienen encerrados en una determinada forma de pensar, mientras que otras nos ayudan a explorar aquello que ni siquiera se nos había pasado por la cabeza. Las preguntas nos abren o nos cierran mundos, y por eso no ha de sorprendernos que científicos de la talla de Albert Einstein les concedieran tanta importancia.

Imaginemos, por ejemplo, los sentimientos y las emociones tan distintas que evocan dos preguntas cuando nos enfrentamos a una situación complicada. Durante la pandemia de la Covid-19, en un momento de especial dificultad, un periodista me entrevistó porque no entendía por qué yo insistía en hablar de la importancia de mantener la ilusión y la capacidad de soñar en un momento tan duro. Le invité a que exploráramos los diferentes sentimientos que se producían en nosotros según utilizáramos un tipo u otro de pregunta. Si la pregunta que nos hacemos es: «¿Qué puedo soñar estando como estamos en una realidad tan dura?, posiblemente caigamos en la impotencia y en la desesperanza. Si, por el contrario, nos hacemos una pregunta distinta: «¿Qué tipo de sueño he de soñar para transformar esta realidad?», notaremos inmediatamente cómo empiezan a cambiar los sentimientos y comenzaremos a recuperar algo de ilusión y de esperanza.

En el primer caso, perdemos capacidades mentales para buscar alternativas y soluciones, mientras que en el segundo sucede lo contrario. Ante la primera pregunta, elevamos los niveles de una hormona llamada cortisol, que es la hormona asociada al miedo. Ante la segunda pregunta, movilizamos otro tipo de hormonas mucho más conectadas con la serenidad, la ilusión y la confianza.

A lo largo de mi carrera de cirujano, he conocido a muchas personas que padecían enfermedades graves. Si una persona, al saberse enferma, queda atrapada en la pregunta «¿por qué me ha pasado esto a mí?», quizá pueda descubrir algo importante, aunque lo más probable es que caiga prisionera de una combinación de sentimientos negativos, como la ira, el miedo, la frustración y la tristeza. Es lógico que esa persona experimente esos sentimientos, pero, si no aprende a gestionarlos, la situación se volverá peligrosa por el impacto que tienen ciertas emociones en la evolución de las enfermedades.

Una pregunta diferente, como «¿para qué me ha pasado esto?», al menos abre un camino de exploración. El hecho de que encuentre o no el sentido a su enfermedad no es lo esencial; lo importante es que se enfoque en buscarlo, porque solo así podrá descubrirlo.

En nuestro Camino del Héroe, el arte de hacerse preguntas es esencial, porque nos ayudarán a encontrar un sentido a lo que parece que no lo tiene. ¿Para qué ha llegado esta persona a mi vida? Muchas personas incómodas, poco educadas, irrespetuosas e incluso agresivas pueden aparecer mientras se está recorriendo el Camino del Héroe.

Recordemos que Joseph Campbell nos decía que la finalidad de este viaje era descubrir el valor de la compasión. Es muy fácil ser respetuoso y cercano con aquellas personas que lo son con nosotros, pero es mucho más desafiante serlo con quien actúa de forma opuesta. Si fuéramos capaces de caer en la cuenta de que son esas personas las que nos ayudarán a descubrir el valor de la compasión, nos relacionaríamos con ellas de una forma completamente diferente.

Damos por sentado que el mundo es de una determinada manera, fija e inmutable, cuando ni mucho menos es así; de ahí que nos relacionemos con la realidad no en función de cómo es o cómo podría ser, sino de cómo somos nosotros. Por tanto, una cosa es cómo nos parece que es la realidad y otra muy diferente cómo es en verdad. Por eso, el problema nunca es el problema, sino nuestra forma de relacionarnos con él. Lo esencial es el tipo de conexión, de relación, de disposición y de actitud que tenemos con nosotros mismos, con los demás y con la vida.

Siempre hemos de tener presente que muchas de las estrategias que ponemos en marcha (ataque, huida, bloqueo) las utilizamos para protegernos de nuestra sensación de vulnerabilidad, una sensación que pertenece a nuestro ego, no a nuestro Ser. El ego es, por definición, egocéntrico y narcisista. El orgullo neurótico es incapaz de aceptar la fragilidad humana, la imperfección de nuestra forma de ser. Por otra parte, el *ideal del yo* del que hablaba Freud, al recriminarnos constantemente que no somos como *deberíamos,* nos llena de frustración, culpa, vergüenza y desesperanza. Vivir atrapados en el *ideal del yo* nos impide ser empáticos, compasivos y misericordiosos con nosotros mismos y con otras personas, a las que también exigimos que sean perfectas.

ORGULLO NEURÓTICO = incapacidad de aceptar la fragilidad humana + rechazo del dolor + enfrentamiento a la vida + posicionamiento como una víctima + materialismo + indiferencia a los sentimientos y necesidades de los demás + huida de la introspección + referencia a seguir en el *ideal del yo.*

En todo lo que nos sucede hay una respuesta de una gran profundidad a la pregunta «¿para qué?», y cuando somos conscientes de ello empezamos a hacer extraordinarios descubrimientos. Recordemos que una pregunta es poderosa si hay un espacio de silencio tras ella, es decir, cuando no la contestamos de una forma automática y permitimos que emerja la respuesta de ese lugar que está más allá de nuestro condicionamiento mental.

Cuando nos relacionamos con la conducta disfuncional de otra persona porque hemos reconocido que hay un «¿para qué?», no nos sentiremos como los receptores de un ataque, sino como los favorecedores de una sanación. Gran parte de ese acúmulo de ira, miedo y culpa que existe larvado en nuestro inconsciente y que emerge cuando menos lo esperamos y deseamos se transforma cuando introducimos la compasión en la respuesta. La otra persona es nuestra salida del infierno y nuestra puerta al cielo, y, si no caemos en ello, no podremos ver una gran oportunidad en lo que parece un problema.

De todo lo que aprendí de la pedagogía del gran psicoterapeuta norteamericano Milton Erickson, su propuesta de ver en todo un recurso, una oportunidad, ha sido lo que más me ha ayudado a reaccionar «menos» cuando me encontraba ante una dificultad o un problema inesperado. Es la aplicación de su propuesta la que me ha permitido mantenerme en calma, sereno y confiado cuando, por ejemplo, en medio de una conferencia me he quedado sin sonido o se ha apagado la proyección del ordenador. También ha sido de gran ayuda cuando me he encontrado con personas que no me han puesto las cosas fáciles. Por eso, abrirnos a que hay una respuesta al «¿para qué?» resulta esencial.

Imaginemos lo que sería ir por la vida relacionándonos con todo con una mayor serenidad y confianza. Incluso cuando tuviéramos que poner límites a una conducta, no lo haríamos con el deseo de castigar, sino con el de corregir. Por eso, el poder interior es mucho más transformador que la fuerza bruta, y recorrer el Camino del Héroe aumenta nuestro poder interior, no nuestra fuerza bruta.

Se trata de generar un espacio de encuentro en el que algo mágico e inesperado pueda suceder. Nuestras conductas disfuncionales tan solo expresan estrategias inadecuadas para cubrir necesidades y sanar heridas. Toda reacción defensiva parte de una percepción limitada de la realidad, de una fijación en su dimensión superficial (materia, forma, tiempo y espacio) y de un olvido de la dimensión profunda de la realidad (espíritu, energía, fondo, ausencia de límites, eterno presente). Por eso es tan importante enfocarse en el ideal de la unidad.

El verdadero trabajo terapéutico implica la superación de polaridades opuestas y su integración en una unidad de sabiduría, compasión y capacidad de perdón. Si estamos recorriendo el Camino del Héroe es porque creemos que podemos cambiar y porque tenemos la certeza de que en nuestro interior hay excepcionales recursos que, cuando emerjan, darán lugar a la manifestación y materialización de nuevas posibilidades en nuestras vidas.

¿Podemos imaginarnos siendo capaces de hacer esto?
¿Podemos imaginarnos siendo capaces de lograr esto?
¿Podemos imaginarnos siendo capaces de sentir esto?
¿Podemos imaginarnos siendo capaces de transmitir esto?

Estas nuevas preguntas nos llaman a enfocar nuestra atención de una determinada manera y a apelar al extraordinario poder de la imaginación para que comience la construcción de algo nuevo y revolucionario. Es en este nivel transpersonal donde se accede a la conexión con un mundo de infinitas y excepcionales posibilidades.

Soltar para volar
Meditación

Cuando el gusano pensó que el mundo se acababa,
se transformó en mariposa

Ponte en una posición cómoda, cierra los ojos y permite que todo tu cuerpo se afloje y que cualquier tensión que tengas se vaya desvaneciendo… Relaja progresivamente tu cuerpo, desde la coronilla hasta la punta de los dedos de los pies… Y empieza a poner tu atención en los movimientos suaves y armónicos de tu respiración, observando cómo al inspirar el abdomen se expande y cómo al expirar el abdomen se contrae. Notarás que con cada expiración la sensación de relajación se hace más agradable y profunda.

Deja que tu mente emprenda el viaje a un mundo nuevo y desconocido. Deja atrás todos esos pensamientos propios del mundo que conocías y permite que tu alma te lleve a donde anhela estar… Cierra tus ojos para que tu espíritu comience a volar y vivirás como nunca lo hiciste.

Estas palabras de Erich Fromm nos hablan del viaje que juntos vamos a comenzar... Puedes empezar a abrir un espacio en tu consciencia en el que una nueva realidad comience a emerger... Este espacio está más allá de los miedos y de las creencias limitantes que habitan en tu mente condicionada y en las estrecheces de tu mapa mental... A través de ese espacio podrás conectar con un territorio que trasciende los límites de tu razón, de tu intelecto, de tu lógica habitual... Es en este espacio que extiende las dimensiones de tu consciencia donde tendrán lugar esas revelaciones y esos descubrimientos que ampliarán tu percepción, te sanarán y te transformarán... Cuando abres ese espacio en tu interior, también te abres a un mundo de infinitas posibilidades... Por eso no debes caer en la sensación de impotencia y desesperanza propias de quienes se sienten víctimas de sus circunstancias, en lugar de sentirse creadores de las mismas... Cuando despliegues ese espacio en tu interior, te convertirás en una persona creadora de una nueva realidad en la que vivir... Te hablo de la posibilidad de alcanzar un mundo en el que sucede la magia y en el que se obran los milagros... Accediendo a este mundo recuperarás tu capacidad de sorpresa, de asombro, de sobrecogimiento y de gratitud... Tu corazón sabe encontrar la mejor solución para cualquiera de tus problemas... Él te va a permitir conseguir recursos que no sospechabas que tenías... Esto supondrá una diferencia fundamental cuando te enfrentes a cualquier desafío, por complejo que este sea... Es importante que poco a poco vayas desarrollando la apertura mental necesaria para dejarte sorprender y cautivar por ese mundo mágico que está más allá de lo que hasta ahora te había parecido razonable e incluso posible...

Tu cuerpo también puede favorecer la apertura de ese espacio en tu consciencia... Por eso, permite que tu nivel de relajación se haga aún más profundo... Un cuerpo tenso es expresión de resistencia y de falta de apertura a la hora de abandonar el mundo conocido y penetrar en ese otro mundo nuevo y desconocido... A lo largo de este proceso irás dejando atrás las referencias externas que te proporcionan tus cinco sentidos, y empezarás a buscar y a encontrar nuevas referencias en tu interior, en las sensaciones de tu cuerpo, en tu respiración profunda y tranquila..., en la intensa relajación de tu abdomen. Ten fe en el proceso y déjate guiar, ya que todo deseo de control lo bloquea... Te invito a transitar del querer controlar y del querer hacer al dejarse guiar y al dejarse hacer...

Cuando penetras en ese mundo desconocido para tu razón, para tu intelecto, para tu consciencia ordinaria y en el que habita tu corazón, se te está invitando a mantener una disposición abierta, curiosa e interesada, propia de quien tiene una mentalidad de explorador y no de juez... Sé consciente de lo que sientes y déjate llevar a ese mundo de posibilidad... Déjate sorprender... Déjate enseñar... Ábrete a descubrir... Estás entrando en un espacio nuevo, en otra dimensión de la realidad... Deja atrás ese mundo que se rige por la materia, la forma, el tiempo y el espacio, y conoce ese otro mundo que solo pertenece al espíritu, al eterno presente... Es en el encuentro con esta dimensión profunda de la realidad como tus viejas heridas emocionales comenzarán a sanar, descubriendo quién eres en realidad.

Solo si te abres con confianza a algo que trasciende tu comprensión actual, y aceptas de buen agrado lo que ese mundo nuevo quiere mostrarte y ofrecerte, podrás crecer, evolucionar y convertirte en quien estás llamado o llamada a Ser... Todos estamos atrapados en una serie de hábitos, de patrones negativos que nos causan un gran sufrimiento y que también hacen sufrir a otras personas... Aunque estos hábitos tengan una intención positiva, que es la de cubrir una determinada necesidad, la forma en la que lo hacen puede ser muy disfuncional y generar un enorme sufrimiento... Cuando conectas con ese mundo de posibilidad, descubres nuevas formas de satisfacer esas mismas necesidades de una manera mucho más sana y funcional...

Todos anhelamos volver a reconocernos como parte de una gran unidad, una unidad que es de naturaleza espiritual... Todos anhelamos trascender, ir más allá de nuestra individualidad y encontrarnos realmente con los demás, con el mundo y con la Vida con mayúsculas... Es en este espacio mágico donde los opuestos se integran de una forma asombrosamente creativa, permitiendo que emerja una nueva realidad diferente a las dos realidades opuestas de las que se partía... Todos queremos que los demás solo vean las cosas que nos gustan de nosotros y que no vean lo que no nos gusta de nosotros... Sin embargo, ese espacio de posibilidad que estás abriendo en tu consciencia incluye, abraza y celebra a ambas partes por igual, y por eso las transforma... Es como si tu corazón te dijera:

Veo que eres alguien generoso, valiente, compasivo...

Veo también que eres alguien prepotente, celoso, irritable...

Veo que eres de las dos maneras y que eres más, mucho más que todo eso...

Déjame que te ayude a descubrir todo lo que eres en realidad...

Por eso, cuando se abre ese espacio, estás acogiendo todo lo que eres en tu totalidad, tanto lo que aprecias en ti como lo que desprecias. Solo la compasión puede dar lugar a la sanación... Por eso es necesario que abras tu mente y tu corazón para aceptar, para abrazar no solo aquello que te gusta y admiras de ti, sino también esa otra verdad que tanto te cuesta admitir... Cuando aceptas todo lo que eres, sin resistirte a nada, tu cuerpo se relaja aún más y empiezas a experimentar una profunda sensación de alegría, de serenidad, de paz interior...

El rechazo a dimensiones enteras de tu persona, que estaba oculto y encriptado en tu cuerpo en forma de tensión muscular y visceral, comienza a desvanecerse, permitiendo que se relaje a un nivel cada vez más profundo... Por eso, cualquier sensación que venga de tu cuerpo, por incómoda que sea, recíbela como si fuera un mensajero del más allá que te muestra una herida oculta, una herida que quiere contar su propia historia... No importa lo profunda que sea esta herida; puede empezar a sanar si le ofreces tu cercanía, tu comprensión, tu respeto, tu valoración y tu escucha compasiva...

Oculto bajo diferentes capas de tensión muscular y visceral se encuentra tu niño interior... Un niño herido porque no se sintió suficientemente querido ni capaz... Cuando ese niño herido se expresa en el adulto, lo hace de una forma que no invita a lo que más necesita, que es sentirse escuchado, comprendido, respetado, valorado y amado... Cuando, en lugar de rechazar esa manifestación dura e incómoda de tu niño interior herido, lo acoges sin reaccionar, sabiendo lo que hay más allá de dicha manifestación, entonces se produce una conexión con ese poder de naturaleza espiritual que es capaz de sanar, de crear, de manifestar y de transformar...

Por eso has de sustituir tu juicio y tu condena por el interés, la curiosidad y la disposición abierta y humilde a conocer, comprender, descubrir, aprender y consolar... Solo así podrás atravesar el denso y oscuro velo de las apariencias y penetrar en esa dimensión más profunda de la realidad... Siempre te vas a encontrar con el dragón, con el demonio, antes de que ese niño herido se atreva a mostrarte su herida... Si te enfrentas al dragón, al demonio, y huyes de él o te paralizas ante su imponente presencia, no se te mostrará la herida que dio existencia precisamente a ese dragón, a ese demonio, para proteger al niño y evitar así que volviera a conectar con ese sentimiento de soledad, ese sentimiento de no haber sido suficientemente querido, de no haber sido adecuadamente valorado, de no haber sido verdaderamente acogido... Ese dragón, ese demonio, solo representa la estrategia que pusiste en marcha cuando eras un niño o una niña para poder sobrevivir en un mundo que no sabía darte lo que más necesitabas en aquel momento: un amor incondicional... Sin embargo, ya de adulto, esa misma estrategia se convierte en un patrón dominante que se activa una y otra vez...

Cuando tu niño interior sane sus heridas, se abrirá para ti, como adulto, la posibilidad de elegir una nueva forma de ser y de estar en el mundo... A partir de ese momento ya no tendrás que atacar, huir o bloquearte cuando te enfrentes a determinados desafíos... Ya no serás alguien que reacciona ante ciertas provocaciones, sino que responderás con sabiduría, compasión y poder interior... Tu nueva forma de ser y de estar en el mundo hará que emprendas acciones diferentes y que empieces a atraer, a manifestar, a materializar nuevos resultados en tu vida... De esta manera te liberarás de ese estado mental que te generaba un sufrimiento innecesario, y comenzarás a descubrir lo que es vivir con auténtica libertad...

También verás emerger capacidades y fortalezas nuevas y descubrirás posibilidades y oportunidades que enriquecerán tu vida y la de otras personas... Es como si se produjera en tu mente la descarga de una información que viene de un mundo que está más allá de tu mundo conocido y familiar, ese que está sometido a las leyes de la materia, la forma, el tiempo y el espacio... Tú puedes dejar atrás lo viejo, lo caduco, y permitir que emerja algo nuevo y profundamente revitalizador... Unos nuevos recursos, unas nuevas posibilidades, una nueva identidad... Hay todo un mundo de infinitas posibilidades que está más allá de tu mente racional... Es un mundo real que, sin embargo, todavía no se había manifestado en tu vida de una manera que para ti resultara evidente... Cuando una de esas infinitas posibilidades se manifiesta, algo nuevo empieza a emerger, a materializarse en tu vida... Por eso eres capaz de cocrear la realidad...

Tu identidad, tu forma de ser y de estar, que tal vez habías considerado fija e inmutable, tan solo representa el colapso de algunas de estas infinitas posibilidades que te ofrece la vida. A través de tu intención de mejorar, de tu disposición curiosa, abierta y humilde a explorar, y de tu imaginación vas a conectar con ese campo cuántico de infinitas posibilidades, favoreciendo que algunas de ellas se manifiesten en el mundo de la materia, la forma, el tiempo y el espacio... Recuerda lo que dijo William Blake respecto a la imaginación:

Si las puertas de la percepción fueran limpiadas, la realidad aparecería como es, infinita, el mundo en un grano de arena, el paraíso en una flor, la eternidad en una hora y todo lo existente en la palma de la mano.

Más allá de un mundo de opuestos, en un nivel más profundo, hay una unidad que lo conecta todo... Por eso Joseph Campbell nos recuerda:

El propósito del Viaje del Héroe es la compasión. Cuando has ido más allá del dolor de los opuestos, has alcanzado la compasión.

Este mundo que hay más allá de los opuestos, de la dualidad, te resulta extraño y desconocido, y por eso tu disposición, tu actitud, tu manera de relacionarte con dicho mundo es clave para que, lejos de experimentar el hundimiento al que llevan el temor, la duda, la confusión y la aparente falta de control, experimentes la sorpresa, el descubrimiento, el crecimiento y la evolución... Por eso es importante que abandones cualquier resistencia y te abras a una experiencia que tendrá un gran impacto en la forma de representarte a ti mismo, a ti misma, a los demás y al mundo... Hasta ahora te habías contemplado, habías contemplado a los demás y al mundo a través de unas representaciones muy limitantes... A partir de ahora puedes desarrollar una nueva forma de observación... Por eso te invito a que dejes caer toda resistencia y te abras a una nueva experiencia profundamente transformadora... De ese modo estarás abriendo un espacio en tu mente para que puedan suceder cosas extraordinarias que mejoren radicalmente tu vida...

El gran poeta Rumi nos habla de este espacio en su casa de huéspedes, y hace referencia también a nuestro Camino del Héroe:

> El ser humano es una casa de huéspedes.
> Cada mañana, un nuevo recién llegado.
> Una alegría, una tristeza, una maldad.
> Cierta consciencia momentánea llega
> Como un visitante inesperado.
> ¡Dales la bienvenida y recíbelos a todos!
> Incluso si fueran una muchedumbre de lamentos,
> Que vacían tu casa con violencia, que te hacen sentirte mal.
> Aun así, trata a cada huésped con honor, acepta, respeta, valora.
> Puede estar creándote el espacio, el espacio de posibilidad.

Para un nuevo deleite, para la manifestación de una nueva posibilidad en tu vida.
Al pensamiento oscuro, a la vergüenza, a la malicia, a los demonios, a los dragones.
Recíbelos en la puerta riendo, contento, porque sabes que, detrás de la apariencia de separación, de dualidad, está la posibilidad de la integración y la unidad.
E invítalos a entrar porque representan la oportunidad para viajar al mundo de la compasión, del amor.
Sé agradecido con quien quiera que venga, porque es una oportunidad, una lección de gran valor disfrazada en ropas de faena.
Porque cada uno ha sido enviado como un guía del más allá.
Todos ellos son enviados desde ese universo cuántico que es consciencia y amor, y que confabula a tu favor.

Cuando acercas tu lado más oscuro, tu sombra, a la luz, emerge algo nuevo y transformador… Esas fracturas en la vasija que tu dimensión material y temporal representan se rellenan con el oro más puro y nace algo nuevo, diferente a todo lo existente, y que es esa pieza única de *kintsugi*… Tú puedes estar en presencia de tu ira, de tu miedo, de tu vergüenza sin convertirte en ellos, sin quedar atrapado por ellos… Estás trascendiendo tu ignorancia, tu orgullo, tu ira, tu envidia, tus celos, tu avaricia y tu miedo, y eso te permite acceder a un mundo diferente, un mundo donde es posible la alegría, la paz interior, la compasión y la capacidad de perdón… Aquí es donde está la verdadera libertad, la libertad de crear una nueva realidad… Aquí es donde has dejado atrás la sensación de impotencia y desesperanza, y percibes el alcance de tu verdadero poder interior…

Es la percepción de este poder lo que te va a permitir actuar con verdadero entusiasmo, confianza y determinación, siendo plenamente consciente de tu capacidad de crear, de sanar y de transformar... Es tu intención, tu disposición abierta, aventurera y entusiasta a explorar algo nuevo y desconocido, tu fe en el proceso, tu humildad, tu entrega y tu imaginación, los que transformarán tu vida... Abrirte, querer, creer e imaginar se convierten así en un materializar... Concéntrate en eso que quieres materializar en tu vida... Siéntete como alguien capaz de crear, de sanar, de manifestar... Siéntete como se sienten los verdaderos artistas... Comienza a disfrutar de esta capacidad de dar a luz, de materializar... Es así como descubrirás que eres capaz de crear algo nuevo e insospechado cuando te enfrentas a un desafío, y que puedes encontrar una solución creativa a cualquier problema, porque puedes conectar con esta fuente de infinitas posibilidades que es tu Ser...

Poder conectar con este campo de infinitas posibilidades te permite caminar por la vida con serenidad, ilusión y confianza, no importa cuáles sean las circunstancias a las que te enfrentes... Es así como aprendes a vivir en libertad... Es así como dejas de reaccionar y empiezas a responder... Es así como dejas de ser una víctima de las circunstancias y te conviertes en alguien capaz de crear nuevas circunstancias... Es así como mantienes la relajación en tu cuerpo, la sonrisa en tu rostro, la claridad en tu mente, el sentido del humor en tu palabra, el amor en tu corazón y el poder sanador, creador y transformador en tu acción... Cuando eres capaz de abrir dentro de ti un espacio que te permite conectar con ese otro mundo de infinitas posibilidades, tu vida toma un rumbo distinto y empiezas a iluminar el sendero de otras personas, sobre todo cuando caminan en medio de la oscuridad, de la confusión y de la incertidumbre... Es en ese momento cuando te liberas del gran lastre emocional que arrastrabas, rompes los límites que tenías y accedes a un nuevo estándar que previamente no te parecía accesible...

Has descubierto que eres libre para tomar nuevas decisiones, para hacer nuevas elecciones… Cuando estás en este nivel de expansión de tu consciencia, tu cuerpo, tu mente y tu alma están profundamente alineados… Notas cada vez con mayor intensidad sentimientos de alegría, entusiasmo, confianza, tranquilidad, ilusión, competencia y capacidad de superación… Recuerda que donde la razón te puede ofrecer solo química, tu Ser te puede ofrecer alquimia… La alquimia es la ciencia de los milagros, de la magia, de la creación, de la manifestación, de la materialización…

Tú puedes despertar a una nueva forma de percibir, de sentir, de disfrutar, de vivir en la sorpresa, en el asombro y en la gratitud… Tú puedes conocer nuevas formas de mejorar, de evolucionar y de contribuir… Tú puedes descubrir nuevos recursos y posibilidades… Tú puedes experimentar una nueva sensación de libertad… Tú puedes encontrar una gran paz interior y una profunda resonancia con la vida… Tú puedes sentirte guiado o guiada por una sabiduría que desafía toda lógica… Tú puedes notar cómo tus fronteras se expanden en todas las direcciones… Tú puedes sentir cómo tu corazón se abre e irradia luz… Tú puedes comprender que todos los recursos que necesitas están dentro de ti…

Ahora eres más consciente de la oportunidad que se te ofrece para vivir una vida con verdadero propósito y sentido… Ahora eres más consciente de que estás abriendo una nueva senda hacia el futuro y de que se abren nuevas puertas a medida que caminas… Deja entrar esa fuerza mágica sanadora, creadora y transformadora que fluye a través de ti… Mantén tu mente y tu corazón abiertos a la posibilidad de que suceda algo mágico, algo que produzca un cambio radical en tu percepción de las cosas… Ábrete a la posibilidad de que dentro de ti hay un poder interior, creador, sanador y transformador del que antes no eras consciente... Ábrete a la posibilidad de que un milagro puede liberarte de todas las energías negativas que han mantenido esos bloqueos que tanto sufrimiento te han generado... La pregunta no es si esto es posible o no, sino si eres una persona dispuesta a abrirte a un mundo que invita a vivir en sintonía con el amor y no con el miedo... Pregúntate si quieres conectar con esa fuerza que puede hacer por ti lo que tú solo o sola no puedes hacer, inspirándote y ayudándote a crecer y a evolucionar...

¿Estás dispuesto a descubrirte como parte de esa fuerza transformadora que nuestro mundo tanto necesita?... ¿Puedes viajar de ese mundo en el que simplemente se describe lo que hay a un mundo donde, además, se crea eso que hay?... ¿Puedes reconocer que estás en conexión con un espacio sagrado?... ¿De qué manera vas a traer esa energía transformadora al mundo material en el que vives?... ¿De qué manera tu presencia la reflejará?... ¿Puedes permitir que algo nuevo, sorprendente y mejor nazca en ti?... ¿Puedes abrirte a salir de los mapas conocidos y explorar un nuevo territorio?... ¿Puedes abrirte a descubrir una nueva forma de ser y de estar en el mundo?... ¿Puedes abrir todo tu ser a este campo cuántico de infinitas posibilidades?... ¿Puedes abrir tu mente y tu corazón a creer que algo puede llegar a suceder, aunque no sepas cómo?... ¿Puedes abrirte a la posibilidad de una vida nueva que no puede predecirse desde el pasado, y que supone una forma radicalmente nueva de vivir?... ¿Puedes abrirte a la posibilidad de que tu presencia proyecte entusiasmo, serenidad, alegría, sabiduría y amor?... ¿Puedes abrirte a la posibilidad de que las viejas creencias limitantes sean transformadas a la luz de una comprensión mucho más profunda de lo que es la realidad?... ¿Puedes abrirte a la posibilidad de que a través de ti lo imposible puede hacerse posible?... ¿Puedes abrirte a la posibilidad de que estás en este mundo para mejorarlo?... ¿Puedes abrirte a soltar para poder volar?

Recuerda que sin vértigo no hay vuelo.

Y ahora te voy a pedir que empieces a llevar tu atención a las sensaciones de tu cuerpo y a los movimientos suaves y armónicos de la respiración. Haz ahora tres respiraciones profundas y, a continuación, ve abriendo progresivamente los ojos para volver a encontrarte plenamente orientado u orientada en el tiempo y en el espacio.

AGRADECIMIENTOS

A mi mujer, Isabela, y a mis hijos, Mario, Joaquín y Borja, por ayudarme a mejorar enseñándome cosas nuevas cada día.

A mis padres, José María y María Celia, a Joaquín Lluch Rovira y a todos esos grandes amigos que ya no están entre nosotros, y muy especialmente a Pablo Antoñanzas, Juan Picón, Antonio Fernández y Teresa Palazuelo. Gracias por ese recuerdo inolvidable que habéis dejado en lo más profundo de mi corazón.

A mis cinco hermanos, José María, Manolo, Juan Ignacio, Fernando y Alejandro, por ser para mí una referencia en tantas cosas.

A todos mis familiares y amigos por darme ese tesoro que se llama afecto y amistad.

Quiero manifestar mi especial gratitud y afecto a Paris de L'etraz, Jaime Antoñanzas, Javier Antoñanzas, Jorge Neri, Jesús Valderrábano, Ignacio Gómez Sancha, Leopoldo Boado, Genaro Peña, Fernando Fernández, Pilar Casaseca, Mercedes Redondo, Alejandro Beltrán, Francisco Reinoso, Salvador Torres, María Eugenia Collado, Jorge Montes, Ana Rosa Semprún y Jordi Nadal. Gracias por ser para mí una fuente tan grande de inspiración.

Al Spain Startup and South Summit y muy especialmente a su presidenta, María Benjumea, por su labor constante y admirable en favor del emprendimiento.

A Juan Abarca Cidón, presidente del Grupo Hospital de Madrid, por su esfuerzo constante en favor de una sanidad pública y privada de calidad.

A la IE University y muy especialmente a Diego del Alcázar y Silvela, Diego del Alcázar Benjumea, Juanjo Güemes, Santiago Íñiguez, Manuel Muñiz, Salvador Carmona, Miguel Larrañaga y Miguel Costa. Gracias por haber hecho del IE una universidad que es referencia a nivel mundial.

A todo el equipo del Center for Health & Well-Being del IE University y en especial a Lisa Bevill, Gonzalo Llanes, Lee Newman, Norman Kurtis, Nick van Dam y David Suárez.

A la Fundación Rafael del Pino y muy especialmente a su presidenta, María del Pino; a su director, Vicente Montes, y a Carlota Taboada. Mi reconocimiento y admiración por la labor tan extraordinaria e incansable que esta fundación lleva a cabo en favor de la cultura.

A todo el equipo de WOBI y especialmente a su presidente, Alberto Saiz.

A Pedro Cornejo, a Marina Zambrana y a todo el equipo de Mentes Expertas por hacer llegar a tantas personas experiencias de mejora y superación.

A YPO y muy especialmente a Ángel y Germán García Cordero.

Al GNH Center de Bhután y en especial a mi querido amigo Ian Triay, cónsul general honorario del Reino de Bhután.

Al IDDI de la Universidad Francisco de Vitoria.

A todo el extraordinario equipo de la Fundación Juegaterapia y muy especialmente a su presidenta, Mónica Esteban, por la maravillosa labor que esta fundación realiza en favor de los niños enfermos.

A Manos Unidas por ayudar a los más desfavorecidos.

Al fantástico equipo de la editorial Espasa y especialmente a David Cebrián, Lola Cruz, Sergio García y Laura Fernández Navarro.

Al Harvard Club of Spain.

A la fundación CEDE.

A los profesionales de la medicina, la psicología y los abordajes terapéuticos complementarios, que han hecho de su vida un compromiso para mejorar la salud global de otros seres humanos.

A los profesionales de la gastronomía española, especialmente a Mario, Diego y Rafael Sandoval, así como a Pepa Muñoz y Diego Olmedilla.

A los profesionales de la docencia que buscan dar cada día lo mejor de sí, a pesar de que muchas veces ellos no son valorados como sin duda merecen.

A todas aquellas personas que desde cualquier ámbito social aúnan esfuerzos para que nuestra sociedad comprenda que el único camino hacia el verdadero progreso pasa por la comprensión, el respeto y la ayuda mutua.

Meditación del corazón

Aprender a querernos más

Si quieres recibir este audio creado por el doctor Mario Alonso Puig activa este código QR y lo recibirás en tu correo electrónico.